START/INSIGHT
STRATEGIC ANALYSTS AND RESEARCH TEAM

Intelligence strategica. Metodo e prassi.
GIUSEPPE LOMBARDO

Photo credit: START InSight

Collana InSight, n. 9

1ª edizione, FEBBRAIO 2024
© Copyright 2024 by START InSight Sagl editore, Lugano (Svizzera)

Impaginazione e servizi editoriali:
START InSight Sagl editore, Lugano (Svizzera)

ISBN 9788832294224

www.startinsight.eu
info@startinsight.eu

Giuseppe Lombardo

Intelligence strategica
Metodo e prassi

INDICE

L'Autore

Giuseppe Lombardo

Laureato in Scienze Strategiche presso l'Università degli Studi di Torino nel 2017, si è specializzato in Relazioni Internazionali, conseguendo una laurea Magistrale presso l'Università degli Studi Niccolò Cusano nel 2020.

Appassionato di tematiche relative alla sicurezza, ha conseguito un Master in "Geopolitica della Sicurezza" presso l'Università degli Studi Niccolò Cusano nel 2021, approfondendo la struttura dell'intelligence in Italia e l'evoluzione della figura dell'analista intelligence. In particolar modo, anche per ragioni professioneli, ha studiato l'evoluzione delle metodologie di acquisizione intelligence, data l'importanza che queste hanno recentemente assunto nello scenario internazionale.

Ha partecipato alle simulazioni Consules Model United Nations, svoltosi a Roma, e National Model United Nations, svoltosi a New York, entrambe nel marzo 2015. Ha avuto esperienza in Iraq dal marzo al settembre 2018.

Prefazione

Niccolò Petrelli

Negli ultimi 20 anni l'ambiente operativo in cui le organizzazioni di intelligence sono chiamate ad operare è cambiato in maniera significativa. La definizione spesso impiegata per definirlo è "big data landscape" ovvero un contesto essenzialmente caratterizzato da sovrabbondanza, più che scarsezza, di dati e informazioni. Ciò determina tre sfide fondamentali per gli apparati informativi.

Anzitutto il "big data landscape" pone una sfida a quella che, con buona probabilità può considerarsi la componente più integrante delle attività delle organizzazioni di intelligence, la segretezza, e dunque lo stesso modus operandi delle organizzazioni di intelligence. L'esigenza di integrare volumi crescenti di dati e informazioni, ed in particolare di integrare informazioni segrete con volumi crescenti di informazioni e dati provenienti da fonti aperte sfida direttamente l'approccio "tradizionale" alla raccolta, archiviazione e analisi basato su segmentazione o "compartimentazione" delle funzioni.

In secondo luogo, il "big data landscape" determina la necessità per i servizi di intelligence di interagire sempre più frequentemente con una pluralità di soggetti esterni. Infatti, al fine di sviluppare e/o reperire, ed integrare con regolarità, lo stato dell'arte in materia di tecnologie dell'informazione, nonché sfruttare nella maniera più efficiente la enorme disponibilità di informazioni aperte integrandole efficacemente con quelle segrete, le agenzie di intelligence devono necessariamente sviluppare rapporti più intensi e continuativi con stakeholders esterni come l'industria tecnologica, le università, i media, e organizzazioni non governative (tra gli altri). Ciò crea vulnerabilità e rischi non trascurabili e richiede una maggiore attenzione alla protezione delle capacità e dei prodotti informativi (compresi fonti, metodi di raccolta e di analisi).

Terzo e ultimo, il "big data landscape" pone una sfida in quanto rompe il monopolio delle organizzazioni di intelligence sulla fornitura di informazioni "grezze" e analisi come input per i processi decisionali politici. I costi dell'intelligence si sono negli ultimi anni significativamente ridotti, in termini di denaro, tempo e impegno, e sia lo spionaggio che l'analisi di intelligence rappresentano oggi attività molto meno "esoteriche" ed uniche rispetto a 20 anni fa. La disponibilità commerciale di "tecnologie di spionaggio" come ad esempio i satelliti, ha infatti portato alla proliferazione di fornitori privati di intelligence, organizzazioni come Bellingcat, che combinano informazioni open-source, database commerciali e materiale hackerato (o fatto trapelare da attori statali) e che sono in grado di generare prodotti informativi di qualità non indifferente. Al contempo, l'aumento esponenziale nella disponibilità di dati e informazioni ed il proliferare di applicazioni dell'Intelligenza Artificiale (IA) ha determinato mutamenti anche nelle metodologie di analisi degli stessi, con potenziali ricadute, ovviamente, sulla funzione analitica così come svolta dagli apparati informativi dello stato. La letteratura specialistica ha infatti identificato tre possibili funzioni per cui l'IA, in particolare il deep learning (DL), il sottocampo di maggior successo delle tecniche di machine learning (ML), potrebbe essere efficacemente impiegato all'analisi di livello superiore, ovvero "strategica": identificazione di tendenze, modelli e anomalie a lungo termine, generazione nonché confutazione di ipotesi.

Proprio a questi ultimi aspetti si collega il lavoro di Giuseppe Lombardo sull'intelligence strategica che avete fra le mani. Nell'analizzare una funzione informativa che, oltre ad andare incontro a profondi cambiamenti, è stata nel corso del tempo oggetto di intenso studio, l'autore ha scelto di "ritornare alle basi" per così dire, proponendo, dopo aver introdotto il sistema di informazione e sicurezza della repubblica, disamine dettagliate sia del ruolo dell'analista, che dell'evoluzione delle metodologie di analisi. Tale scelta lo rende un valido punto di riferimento per comprendere gli elementi essenziali della questione in un momento storico in cui essi appaiono spesso tutt'altro che chiari.

Introduzione
L'evoluzione dell'intelligence strategica.

Nella scelta e nella successiva ricerca nel merito della tematica dell'intelligence strategica sono progressivamente entrato nell'ottica di approcciare un settore saturo di nozioni e studi svolti nel corso dei secoli. L'impressione che mi permetto di esprimere è quella secondo la quale uno studio imparziale e non polarizzato verso un preciso schema, bensì equilibrato e di utile lettura, si basi sull'iniziale approfondimento dei termini iniziali, in questo caso *intelligence* e *strategia*.

Per fare questo intendo partire dalle seguenti parole: *"E così, se un sovrano illuminato e un generale saggio risultano sempre vittoriosi sui nemici e realizzano imprese superiori alla norma, tutto ciò avviene grazie alla previsione. Questa previsione non può essere ottenuta tramite entità sovrannaturali, non può essere dedotta dagli eventi, non può essere calcolata. Deve essere acquisita tramite uomini che conoscano la situazione nemica."*[1]

Parliamo del trattato *l'arte della guerra* di Sun Tzu, i cui insegnamenti, sebbene risalenti al V secolo a.C., vengono ripetutamente riesumati per trarre degli spunti per la società attuale. Così introduce il tema delle *spie: "Ci sono cinque tipi di spie. La spia locale, la spia interna, la spia convertita, la spia morta e quella viva...][...La spia viva è quella che ritorna per fare rapporto. Utilizza la spia locale assoldandola tra la gente del luogo. Utilizza la spia interna scegliendola tra i loro ufficiali. Utilizza la spia convertita scegliendola tra le spie del nemico. La spia morta riporta informazioni false al nemico"*.[2]

---

[1] Rossi Monica, *Sun Tzu, l'arte della guerra,* Mondadori, Milano, 2003, p. 167
[2] Ivi, pp. 168,169

In merito alle informazioni infine spiega: *"In breve, prima di attaccare un esercito, assediare una città fortificata e uccidere una persona, occorre conoscere il nome proprio e di famiglia del generale, dei suoi amici intimi, del suo sovrintendente, delle sue guardie e degli attendenti. Ordino alle mie spie di scoprire informazioni sicure a questo riguardo"*.[3]

Queste parole sono di grandissima importanza, se non altro perché perfettamente applicabili oggigiorno e danno spunto almeno a tre ordini di considerazioni. Anzitutto il concetto di direzione di uno Stato, che oggi sostituisce, quanto meno nelle democrazie, il sovrano illuminato con la politica di governo ed i suoi rappresentanti. In secondo luogo la chiave di lettura per la vittoria, ovvero l'attività di intelligence, approfondita nell'ambito dell'acquisizione di informazioni secondo la teoria *se conosci il nemico e conosci te stesso, nemmeno in cento battaglie ti troverai in pericolo.*[4] Infine aggiungo il terzo spunto di analisi per cui una banale *previsione* delle azioni avversarie, secondo l'autore, va contrastata con una mossa che ci garantisca il successo. Ecco qui il concetto chiave di strategia, i cui principi accompagnano il processo di intelligence, basti pensare alla spia morta, cioè quella dedicata al depistaggio del nemico, e a tutti quei fattori che permettono ad una forza di prevalere su una contrapposta ad essa.

---

[3] Ivi, pp. 170,171
[4] Ivi, pp. 80

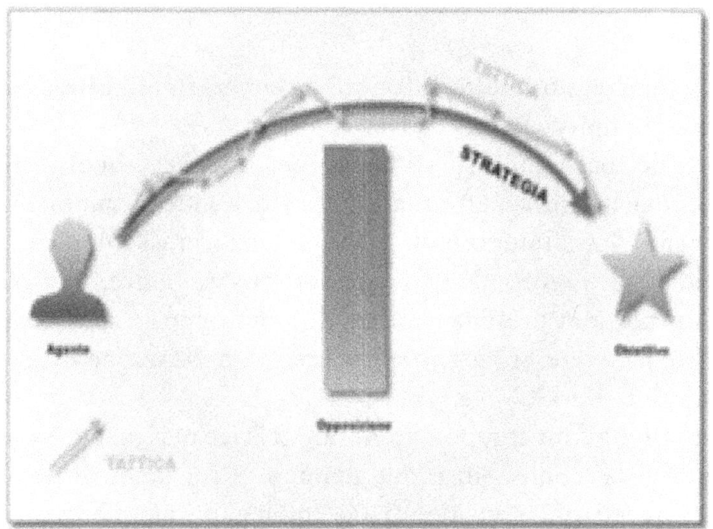

Partendo dal concetto di strategia, e soprattutto dalle comuni difficoltà nel distinguere termini apparentemente simili, come la tattica, Von Clausewitz afferma: *"La tattica è dunque la dottrina dell'impiego delle forze armate nel combattimento, la strategia è la dottrina nell'uso dei combattimenti per lo scopo della guerra".*[5] Il riferimento alla strategia è qui chiaramente connesso alle attività militari, sebbene sappiamo che essa può e viene applicata a qualsiasi settore, che sia esso politico, imprenditoriale, sociale o culturale. Questa prima differenziazione tra strategia e tattica mi permette di fare prima di tutto una osservazione fondamentale per comprendere la complessa questione della strategia e dell'intelligence *lato sensu.*

Il mondo militare, come ciascuna istituzione pubblica, parimenti alle grandi aziende e multinazionali, si fonda su un apparato di tipo gerarchico-funzionale, ove ogni posizione ricoperta assume un ruolo ed un significato ben preciso. Allo stesso modo, se per Clausewitz la strategia viene concepita ad un livello superiore, la tattica non è altro che l'applicazione di quella volontà attraverso delle scelte parzialmente

---

[5] Clausewitz C, (1837), *Della guerra,* Einaudi, Torino, pag 80

autonome, ma ad un livello inferiore e sempre finalizzate ad uno scopo stabilito e già individuato.

Ecco che parliamo di strategia per indicare quei principi che possono contribuire ad effettuare le scelte esatte in momenti cruciali, determinanti. La strategia non è una scienza prasseologica, in quanto non studia le regole e i passi del nostro agire, ma si applica primariamente alla presenza di una volontà opposta alla nostra e sulla quale bisogna avere la meglio attraverso l'applicazione di quegli stessi principi.

Senza dilungarmi troppo ne cito alcuni per una maggiore chiarezza: la sorpresa; la conoscenza del nemico; l'inganno; il tempo ecc... Elementi questi già considerati ed impiegati innumerevoli volte nel corso della storia per vincere le battaglie. Tra questi, mi servo di due in particolare per proseguire il ragionamento. Il primo è lo sfruttamento del tempo e nello specifico il cosiddetto ciclo *OODA*[6], anche noto come *ciclo di Boyd* che sta per *observe, orient, decide, act*. Ora, immaginiamo che un ladro abbia deciso di rapinare un appartamento, a prescindere dalla presenza o meno degli inquilini, e dunque abbia scelto di non portare con sè strumenti per vedere di notte. A causa del maltempo, salta la corrente nel momento del furto. In questo caso il ladro X, rispetto all'inquilino Y ha un grande svantaggio in relazione al ciclo OODA. Se da un lato il ladro sta ancora cercando di osservare ed orientarsi all'interno della proprietà, l'inquilino può già prendere decisioni ed agire. Attraverso questo banalissimo esempio saltano fuori numerosissimi spunti di riflessione, che tralascerò perché non rilevanti ai fini di questo studio, ma che accennerò per lasciare spazio alla riflessione individuale: si pensi ad esempio alla scarsa pianificazione del ladro o all'impatto emotivo dell'irruzione in casa del ladro sull'inquilino.

---

[6] Volta Massimo, *Il capo militare quale gestore della complessità e dell'incertezza*, Informazioni della Difesa, 6/2006, pp. 34-35

Il secondo elemento che voglio prendere in considerazione è la conoscenza del nemico. L'intelligence in generale si concentra su due ambiti di azione primari: il mondo delle informazioni ed il contrasto alle attività ostili. Quello delle informazioni è un *mare magnum* la cui ricerca, raccolta, elaborazione ed applicazione costituiscono il fulcro del cosiddetto *ciclo intelligence,* di cui si parlerà in maniera dedicata nei prossimi capitoli. Se per essere un passo avanti è indispensabile disporre di più informazioni possibile, è altrettanto importante applicare questa conoscenza per prevenire, individuare e contrastare qualsiasi attività posta in essere dall'interno o dall'esterno contro il nostro paese.

Ed è così che risulta più semplice comprendere in che modo strategia ed intelligence giungono ad un punto di incontro: il fatto stesso che si parli di strategia nel momento in cui sia presente una forza contrapposta alla nostra svela l'interazione tra il mondo dell'intelligence e la strategia stessa. Questo legame è rafforzato dal fatto che i principi strategici accennati finora possono dunque essere sfruttati per lo svolgimento delle attività di intelligence. Con queste considerazioni posso definire conclusa la prima introduzione all'intelligence notando come tutte le nozioni riportate finora rispondano pedissequamente a quanto contenuto nella Legge 3 agosto 2007, n. 124, che definisce i caratteri principali del *sistema di informazioni per la sicurezza della Repubblica* (SISR) e che tratteremo più approfonditamente da qui in avanti.

Capitolo 1
La struttura dell'intelligence in Italia.

1.1. Il sistema di informazione per la sicurezza della Repubblica: le novità apportate dalla legge 124/2007 al comparto intelligence.

Parlare di intelligence risulterebbe oggi impossibile senza approfondirne i caratteri normativi fondamentali. La legge 3 agosto del 2007 è certamente la chiave di partenza per qualsivoglia analisi circa il mondo informativo della sicurezza della Repubblica. Con questo spunto l'ex Presidente del Consiglio Conte riferiva nel merito in occasione dell'inaugurazione della sede unitaria di Piazza Dante: *"La legge di riforma del 2007 ha trovato la sua attuazione sempre più piena grazie a un'intelligence che ha potenziato progressivamente le sue capacità operative e affinato i suoi prodotti analitici, si è resa conoscibile a tessuto partenariati solidi con tutti gli attori del sistema Paese, ma anche con quelli dello scenario internazionale"*[7]. Da queste considerazioni e dall'intervento nel suo complesso, si può intravedere anzitutto il valore di novità apportato dalla legge del 2007. Con essa infatti, si può ritenere definitivamente superata la precedente dottrina, attraverso l'abrogazione della legge n. 801/1977 e che fino a quel momento aveva regolato il funzionamento del sistema di informazione della Repubblica. La legge n.124 ha apportato ciò che in molti hanno definito "una vera e propria rivoluzione" al comparto intelligence. La prima grande novità è senz'altro l'istituzione del *Sistema di Informazione per la Sicurezza della Repubblica*[8], meglio noto come

---

[7] Intervento del Presidente del Consiglio dei ministri in occasione dell'inaugurazione della sede unitaria dell'intelligence, 6 Maggio 2019, Roma
[8] Capo I, articolo 2, comma 1 della legge 3 agosto 2007, n.124

SISR. Questo non è altro che *l'insieme degli organi e delle autorità che, nel nostro Paese, hanno il compito di assicurare le attività informative allo scopo di salvaguardare la Repubblica dai pericoli e dalle minacce provenienti sia dall'interno che dall'esterno.*[9] In questo piano di ammodernamento apportato dalla riforma spicca anzitutto l'istituzione, a livello strategico, dell'Autorità delegata (AD), figura non ufficialmente prevista dal precedente ordinamento, il quale autorizzava tutt'al più che il *PdC*, su apposita delega, venisse sostituito da un sottosegretario di Stato in specifici casi[10]. Di pari importanza sul piano strategico, compare il Comitato interministeriale per la sicurezza della Repubblica (CISR), che sostituisce il precedente Comitato interministeriale per le informazioni e la sicurezza (CIIS)[11]. Quest'ultimo disponeva di scarse competenze direttive, in favore di quelle di consulenza. Proprio in tal senso, si analizzerà il ruolo attivo alla funzione di indirizzo politico del *CISR*. Per quanto concerne la struttura di coordinamento con il livello operativo nasce il Dipartimento informazioni per la sicurezza (DIS), che rimpiazza il precedente Comitato esecutivo per i servizi di informazione e sicurezza (CESIS)[12]. Attraverso il DIS, come vedremo in seguito, verranno potenziate le capacità di coordinamento e di "cerniera" delle agenzie dipendenti, oltre ad un ampliamento dei compiti e delle sfere di influenza. Sul piano del controllo parlamentare viene costituito il Comitato parlamentare per la sicurezza della Repubblica (COPASIR), che sostituisce il Comitato parlamentare di controllo (COPACO)[13]. In questo caso, il nuovo organo, sopperisce alle difficoltà rappresentate da diverse limitazioni: impossibilità di controllo delle spese, nonché della mancanza di un filo diretto con le singole agenzie. Mancava inoltre

---

[9] Definizione consultabile al sito https://www.sicurezzanazionale.gov.it/sisr.nsf/chi-siamo.html
[10] Articolo 3 della legge 24 ottobre 1977, n.801
[11] Ivi, Articolo 2
[12] Ivi, Articolo 3
[13] Ivi, Articolo 11

l'elemento di sostanziale equilibrio circa la rappresentatività del parlamento, chiarificato con la previsione della presidenza del comitato di un membro dell'opposizione. Su questa scia, è doveroso ricordare la definizione delle cosiddette *garanzie funzionali* a tutela dei membri delle agenzie e che hanno operato in ottemperanza a delle disposizioni, anche qualora le condotte poste in essere siano previste dalla legge come reato, purché legittimamente autorizzate dal *PdC* o dall'*AD*, nei limiti previsti dalla legge[14].

Il secondo nodo portante da cui si dirama l'intero sistema di informazione è costituito dalla centralità della figura del *PdC* a cui spetta, in via esclusiva: *"L'alta direzione e la responsabilità generale della politica di informazione per la sicurezza, nell'interesse e per la difesa della Repubblica e delle istituzioni democratiche poste dalla Costituzione a suo fondamento".*[15] Di fatto, con la suddetta norma, viene completato il processo di accentramento delle funzioni di governo dell'intelligence nelle mani del *PdC*, attraverso la semplificazione e riorganizzazione degli apparati, con un chiarimento delle responsabilità e delle catene di comando. In tal senso, i ministri della difesa e dell'interno perdono qualsiasi tipo di controllo sugli organismi posti, fino a quel momento, alle loro dipendenze. Parliamo del SISMi (Servizio per le informazioni e la sicurezza militare) e del SISDe (Servizio per le informazioni e la sicurezza democratica), ora sostituiti dalle agenzie AISI (agenzia informazioni per la sicurezza interna) ed AISE (agenzia informazioni per la sicurezza esterna), che tratteremo in seguito.

Ecco che riprendendo le attribuzioni in via esclusiva al *PdC* dalla legge, il termine "sicurezza" assume certamente un ruolo vitale, anche e soprattutto nel pieno rispetto della Costituzione, che all'art. 52 sottolinea il dovere di ciascun cittadino di difesa della patria. A conferma di ciò, riporto un riferimento ad una sentenza della Corte

---

[14] Capo III, articoli 17,18 della legge 3 agosto 2007, n.124
[15] Ivi, Capo I, articolo 1, comma 1, lettera a)

Costituzionale in tema di sicurezza, avvenuto in occasione dell'intervento di. Bruno Valensise, vice direttore generale del DIS, nel corso della conferenza sulla *Difesa Collettiva: "la sicurezza costituisce interesse essenziale ed insopprimibile della collettività, con palese carattere di assoluta preminenza su ogni altro, in quanto tocca la esistenza stessa dello Stato"*.[16] Il terzo elemento che risulta di vitale importanza nel quadro delle novità apportate dalla legge del 2007 consiste nella riforma della disciplina del segreto di Stato e delle classifiche di segretezza, ma che analizzerò più nel dettaglio nei prossimi paragrafi. Dunque, per fornire un primo quadro d'insieme risultante dall'abrogazione del sistema di informazione precedentemente incentrato sulla legge del 1977, si può certamente dire che la riforma del 2007 ha portato con sé un apparato normativo notevole, che tra l'altro è stato supportato dall'emanazione di ulteriori atti di fonte secondaria, oltre che da atti a valenza interna ed esterna. L'unico aspetto da rilevare che purtroppo ne impedisce il pieno apprezzamento per gli elementi innovativi è costituito dalla parziale conoscibilità per motivi di riservatezza. Per essere più chiari specifico che sono 14 i casi in cui la legge rinvia a Decreti del Presidente del Consiglio dei Ministri (DPCM) e che riporto brevemente[17]: I) DPCM dell'8 aprile 2008 in materia di segreto di Stato (pubblico, G.U n.90 del 16 aprile 2008); II) i 5 DPCM dell'1 agosto 2008 (riservati, relativi all'organizzazione del DIS, AISE, AISI ed al rilascio dei *nulla osta di sicurezza* (NOS); III) i 6 DPCM del 12 giugno 2009 (riservati, relativi alla gestione amministrativa degli uffici ed al funzionamento della scuola di formazione per il personale dei servizi); IV) il DPCM del 12

---

[16] Sentenza della Corte Costituzionale del 1977, n. 86, consultabile al sito:
https://www.gazzettaufficiale.it/atto/corte_costituzionale/caricaArticoloDefault/originario?att o.dataPubblicazioneGazzetta=1977-06-
01&atto.codiceRedazionale=077C0086&atto.tipoProvvedimento=SENTENZA

[17] Giupponi Tommaso, *Servizi di informazione e segreto di Stato nella legge n.124/2007, pp. 2,3 -*
https://www.forumcostituzionale.it/wordpress/images/stories/pdf/documenti_forum/paper/016 1_giupponi.pdf

giugno 2009 sulle classifiche di segretezza (pubblico, tranne l'art. 7, G.U n.154 del 6 luglio 2009); V) infine il DPCM del 12 giugno 2009 (pubblico, relativo alla stipula degli appalti circa la fornitura di beni e servizi, G.U n.154 del 6 luglio 2009).

Orbene, la riforma del 2007 ha delineato una nuova direttrice di azione per il comparto intelligence ed è stata seguita da ulteriori norme che ne hanno colmato da un lato, ma potenziato dall'altro, le lacune normative dettate dall'evoluzione della minaccia, tra cui spicca, in prima istanza, il dominio cibernetico. Posso adesso focalizzarmi sull'analisi degli organismi del *SISR*, precedentemente anticipati.

1.2. La struttura strategica ed operativa; le funzioni di CISR, AD, DIS, AISI, AISE.

Per riprendere l'impianto gerarchico-funzionale di cui si parlava nella premessa di questo capitolo, è evidente come la riforma del 2007, istituente del *SISR,* applichi un sistema di gestione basato su tre livelli distinti. Il primo è quello certamente di indirizzo politico strategico, di cui fanno parte inevitabilmente il *PdC,* l'*AD* (ove istituita), ed il *CISR.* Questi tre fondamentali soggetti definiscono ed indicano la direttrice principale da seguire, sul piano strategico, e ne verificano la corretta applicazione da parte degli organismi preposti all'esecuzione ed al controllo di tali indirizzi. Come si può rilevare comodamente dall'immagine di riferimento

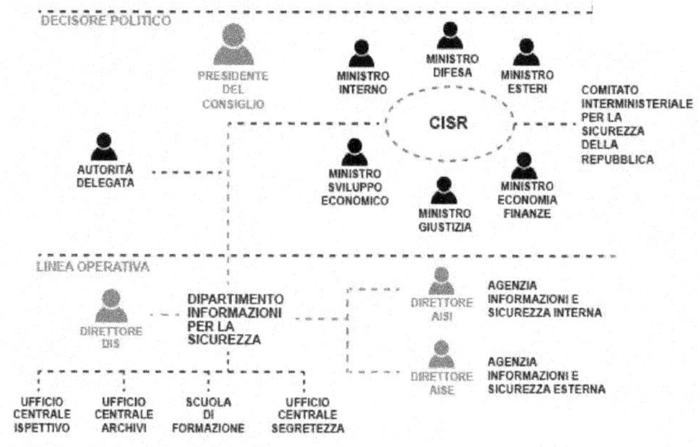

(prelevata dal sito dell'ex sottosegretario di Stato alla difesa Angelo Tofalo), a svolgere un ruolo di coordinamento e se vogliamo di "cerniera" tra il piano strategico e quello prevalentemente operativo è posto il *DIS*. Esso, proprio a dire dell'on. Tofalo nel 2015, all'epoca membro del *COPASIR*, è: *"il vero cuore, il cervello del SISR"[18]*. Nulla di più certo è che il Dipartimento informazioni per la sicurezza rappresenti il filtro più sostanziale tra le due agenzie *AISI, AISE* ed il livello superiore, rappresentato nella figura più alta dal *PdC*. Non è un caso che il direttore generale del *DIS,* ed il/i vice direttori siano nominati direttamente dal *PdC.[19]* Infine l'anello più operativo è costituito dalle due agenzie *AISI* ed *AISE,* che sono il risultato del progressivo processo di smilitarizzazione dei servizi di informazione e, pur mantenendone un modello binario, ne modifica la sostanziale ragion d'essere. Se prima infatti la distinzione dei compiti era rappresentata dall'interesse da tutelare, prima la sicurezza militare o democratica, adesso a differenziarne la sfera di azione è l'area geografica dell'attività stessa (interna od esterna alla Repubblica). Questo nuovo modello è dunque costituito da due organismi, l'*AISI* e l'*AISE,* e da una regia unitaria, il *PdC* (che si avvale dell'*AD* e del *DIS* ed è coadiuvato dal *CISR*), "che garantisce il coordinamento ed il raccordo informativo al fine di evitare sovrapposizioni, duplicazioni, ridondanze e frizioni tra gli organismi operativi"[20]. Partendo proprio dal *CISR,* l'aspetto più importante da sottolineare è che esso si delinea anzitutto come il principale organo di consulenza del *PdC* in materia di sicurezza nazionale, essendo interessato più o meno direttamente in tutte le deliberazioni del capo del governo in relazione alla sicurezza: dalla nomina e la revoca dei vertici dell'apparato del *SISR[21]*, alla

---

[18] Tofalo Angelo, intervista visitabile al sito:
https://www.youtube.com/watch?v=j1BjFNbrF_M
[19] Capo I, articolo 1, comma 1, lettera d) della legge 3 agosto 2007, n.124
[20] Montagnese Alfonso e Neri Claudio, *l'evoluzione della sicurezza nazionale italiana,* sicurezzanazionale.gov.it, p.8
[21] Capo I, articolo 4, comma 5 (DIS); Capo I articolo 6, comma 7 (AISE); Capo I, articolo 7,

ripartizione delle risorse finanziare ai diversi organismi del *SISR* per lo svolgimento dei compiti assegnati.[22] Questi elementi denotano dunque una partecipazione decisamente più attiva rispetto al predecessore *CIIS*, svolgendo ora funzioni di elaborazione e proposta, in relazione alle priorità fissate dal *PdC*. L'organo è così ordinariamente costituito: presieduto dal *PdC* e composto dall'*AD* (ove istituita), dal Ministro per gli affari esteri, dal Ministro dell'interno, dal Ministro della difesa, dal Ministro della giustizia, dal Ministro dell'economia e delle finanze e dal Ministro dello sviluppo economico[23].

Una nuova figura istituita dalla riforma, e di supporto diretto al *PdC*, è la cosiddetta Autorità delegata *(AD)*. Il ruolo e soprattutto la nomina di questo organo sono stati e sono tuttora al centro di un ampio dibattito politico che può sembrare difficile da sciogliere. Per comprenderne gli estremi fondamentali partirei quindi dalla norma che la istituisce: "*Il PdC, ove lo ritenga opportuno, può delegare le funzioni che non sono ad esso attribuite in via esclusiva soltanto ad un Ministro senza portafoglio o ad un Sottosegretario di Stato, di seguito denominati Autorità delegata*".[24] Una volta chiarito che la nomina dell'*AD* sia a completa discrezione del *PdC* e che dunque può decidere di

fare a meno di essa, analizziamo ora quali ne siano le principali funzioni. La norma, in realtà, definisce le funzioni che l'*AD* non può mai svolgere, ovverosia i compiti ulteriori rispetto a quelli delegati dal *PdC*. Ecco che tramite un processo di esclusione delle funzioni attribuite appunto in via esclusiva al *PdC* si possono sintetizzare i possibili ruoli dell'*AD* nei seguenti: 1) partecipa attivamente alla definizione della linea politica sull'intelligence, essendo membro del *CISR, 2)* informa costantemente il *PdC* in merito alle modalità di

---

comma 7 (AISI) della legge 3 agosto 2007, n.124
[22] Ivi, Capo I, articolo 5, comma 2
[23] Ivi, Capo I, articolo 5, comma 3 - comma così modificato dall'art.1, comma 21, D.L 16 maggio 2008, n.85 convertito con legge n.121/2008
[24] Ivi, Capo I, articolo 3, comma 1

esercizio delle funzioni a lui delegate[25], 3) può autorizzare controlli ispettivi[26], 4) può rilasciare l'autorizzazione preventiva alle condotte poste in essere dagli agenti e previste dalla legge come reato, indispensabili per scopi istituzionali.[27]

Oltre a quanto già detto in merito al *DIS,* va certamente aggiunto che il dipartimento, oltre ad essere punto di raccordo tra le due agenzie *AISE* ed *AISI,* è anche a capo di quattro ulteriori istituti: 1) l'ufficio ispettivo, 2) l'ufficio centrale per la segretezza (UCSe), 3) l'ufficio centrale per gli archivi, 4) la scuola di formazione, ciascuno dei quali definito tramite regolamento adottato con apposito *DPCM*[28]. Chiaritane la struttura, elenco di seguito brevemente i principali compiti del dipartimento non già riportati. 1) Coordinamento ed elaborazione dell'intera attività di informazione per la sicurezza[29], 2) Comunicazione strategica e promozione della cultura della sicurezza[30], 3) Gestione unitaria delle risorse[31], 4) Formazione e addestramento[32], 5) Tutela e custodia amministrativa del segreto di Stato.[33]

In merito a quest'ultimo punto voglio precisare che al *DIS* viene attribuita la responsabilità di tutela del segreto solo ai fini amministrativi e di custodia per il tramite dell'UCSe, mentre il ruolo di "tutore" del segreto di Stato rimane in capo al *PdC.*

Per evitare di dilungarmi troppo sui compiti del dipartimento, ho deciso di approfondire solo due degli ultimi punti elencati, in quanto mi permettono di riflettere intorno ad altri aspetti dell'argomento, soprattutto perché in parte correlati l'un l'altro. Questi sono il ruolo della comunicazione strategica e quello della formazione. In merito

---

[25] Ivi, Capo I, articolo 3, comma 3
[26] Ivi, Capo I, articolo 4, comma 8, lettere b), e)
[27] Ivi, Capo III, articolo 18, comma 1
[28] Ivi, Capo I, articolo 4, comma 7
[29] Ivi, Capo I, articolo 4, comma 3, lettera a), d) e d)bis
[30] Ivi, Capo I, articolo 4, comma 3, lettera m) 7
[31] Ivi, Capo I, articolo 4, comma 3, lettera n) ed n)bis
[32] Ivi, Capo II, articolo 11
[33] Ivi, Capo II, articolo 9

alla comunicazione, proprio come stabilito dalla legge di cui in nota n.30, nonchè spiegato in maniera esaustiva dal vice direttore del *DIS* Valensise, la cultura della sicurezza è stata una delle scommesse più recenti di maggior approfondimento ed investimento. Prova ne sia che negli ultimi anni sono state avviate una serie di iniziative tra cui diversi convegni in favore di università, scuole ed aziende, in sintesi col mondo del lavoro e della formazione. Questo perché l'attuale realtà sociale, denotata da un'ampia interconnessione ed inter-relazione, fa si che la cultura della sicurezza, specialmente quella cibernetica, costituisca un valore imprescindibile. In tal senso cito le principali iniziative pensate e promosse dal *DIS,* nonché avallate dalla Presidenza del Consiglio dei Ministri: 1) *ASSET* per le imprese, un *roadshow* inaugurato con la tappa di Milano nel mese di novembre 2019, con l'obiettivo di sensibilizzare la consapevolezza pubblica in materia di sicurezza economica e cibernetica, 2) *Roadshow* presso gli atenei italiani, unitamente a concorsi e bandi al fine di rendere sempre più diffusa la cultura della sicurezza oltre ad aprire il mondo dell'intelligence al pubblico in chiave costruttiva. 3) iniziative da parte del Parlamento e del Governo, tra cui *Intelligence collettiva,* eventi promossi ad esempio dal già citato on. Angelo Tofalo, che testimoniano la stretta collaborazione tra istituzioni e intelligence.

Per quanto concerne invece il mondo della formazione, molto è stato fatto grazie alla riforma del 2007. Anzitutto l'istituzione di una scuola di formazione, il cui compito è sintetizzato dal Gen. d. Paolo Nardone, direttore della scuola, in occasione dell'inaugurazione dell'anno accademico 2019, di cui riporto *verbatim* un passaggio dell'intervento: *"una sfida in particolare attende la scuola, formare nuove generazioni di professionisti dell'intelligence che sappiano rispondere efficacemente alle sollecitazioni che provengono dalla rivoluzione della trasformazione digitale e naturalmente dalle sfide che possono mettere a rischio la sicurezza nazionale"*[34].

---

[34] Gen. Nardone Paolo, *Inaugurazione dell'A.A della Scuola di Formazione del Sistema di*

Voglio inoltre sottolineare la significativa evoluzione delle modalità di reclutamento del personale del comparto che, come stabilito dall'articolo 21, comma 2, lettera b), al capo III, colma la lacuna dell'assenza di una procedura concorsuale per il personale dei servizi, fino a quel momento regolata da trasferimenti mirati da altre amministrazioni pubbliche con criteri di discrezionalità. Questa scelta risponde certamente all'esigenza di acquisire personale altamente specializzato in relazione all'evoluzione tecnologica, oltre ad una maggiore apertura e trasparenza col mondo esterno al comparto, il che fa dell'apparato intelligence uno strumento certamente più moderno ed al passo con i tempi.

Per chiudere la sezione dedicata alle strutture operative del comparto, come già anticipato, l'*AISI* e l'*AISE* hanno rimpiazzato le precedenti *SISDe* e *SISMi,* superando la forte impronta dell'apparato militare, recidendo completamente i rapporti delle agenzie con i rispettivi ministeri dell'interno e della difesa, se non per gli obblighi di comunicazione previsti dalla legge.[35] Se prima, quindi, funzioni e finalità delle due agenzie risultavano fortemente legate a delle specifiche dinamiche geopolitiche, rispondenti ad esempio ai requisiti di sicurezza sopraggiunti nel corso della guerra fredda, ora i compiti risultano essere chiarificati e ben distinti. Da un lato l'*AISI,* ha il compito di *difendere la sicurezza interna della Repubblica e le istituzioni democratiche poste dalla Costituzione a suo fondamento da ogni minaccia, attività eversiva e da ogni forma di aggressione criminale o terroristica.*[36] Questo include anche il contrasto ad attività di spionaggio dirette al nostro paese, il tutto a tutela ed a protezione degli interessi politici, militari, economici, scientifici ed industriali dell'Italia. Dall'altro l'*AISE,* con i medesimi compiti della collega, ma rispetto a minacce provenienti dall'estero. Va precisato che, al fine di

---

Informazione per la Sicurezza della Repubblica, pubbl. il 18 marzo 2019
[35] Capo I, artt. 6 e 7, comma 6, Legge 3 agosto 2007, n. 124.
[36] Ivi, Capo I, articolo 7, comma 1

evitare scomodi accavallamenti di risorse ed attività, le due agenzie hanno comunque la possibilità di collaborare tra di loro, purché tali operazioni siano strettamente connesse a quelle svolte nel proprio settore di competenza[37]. In ultimo ho trovato utile notare un riferimento Costituzionale alle finalità generali delle due agenzie di interesse. Se l'art. 52 Cost. definisce chiaramente la difesa della patria quale assoluta priorità per ciascun cittadino, richiamando le finalità dell'*AISE,* l'art. 54 sottolinea invece il dovere di adempiere alle funzioni pubbliche dello Stato con disciplina ed onore rimandando, se vogliamo, alla tutela interna della sicurezza e della salvaguardia dello Stato, dunque agli scopi dell'*AISI.* [38]

---

[37] Capo I, artt 6 e 7 comma 4, della legge 3 agosto 2007, n. 124

[38] Giupponi Tommaso, *Servizi di informazione e segreto di Stato nella legge n.124/2007, p.4 - https://www.forumcostituzionale.it/wordpress/images/stories/pdf/documenti_forum/paper/016 1_giupponi.pdf*

1.3. Segreto di Stato e controllo parlamentare.

Circa la tematica del segreto di Stato devo far presente che risulta molto complesso, proprio a seguito della ricerca di saggi e riflessioni distribuiti ampiamente sui diversi portali di diritto, ricostruire un'analisi tanto esaustiva quanto di accessibile comprensione. Ne costituisce prova la sensibilità della questione, nonché di attenzione, negli anni, persino della Corte Costituzionale. Ecco che ritengo opportuno sintetizzare i cardini funzionali sanciti dalla legge per poi analizzarne qualche aspetto particolare. La disciplina del segreto di Stato è stabilita dalla legge n.124 del 2007, al capo V, e da un apposito regolamento in merito al segreto, attuato tramite *DPCM* del 8 aprile 2008.

In particolare, l'art. 39, al comma 1 della medesima legge, stabilisce che: *"sono coperti dal segreto di Stato gli atti, i documenti, le notizie, le attività e ogni altra cosa la cui diffusione sia idonea a recare danno all'integrità della Repubblica, anche in relazione ad accordi internazionali, alla difesa delle istituzioni poste dalla Costituzione a suo fondamento"*. Ad implementazione e potenziamento di quanto stabilito, al comma 3 dello stesso articolo viene aggiunto: *"sono coperti dal segreto di Stato le informazioni, i documenti, gli atti, le attività, le cose o i luoghi la cui conoscenza, al di fuori degli ambiti e delle sedi autorizzate, sia tale da ledere gravemente le finalità di cui al comma 1"*. Un istituto di tale portata, volto a sorreggere l'intero sistema democratico, come evidentemente deducibile dalle parole pocanzi riportate, necessita inevitabilmente di limiti e di garanzie. Anzitutto va precisato che tale vincolo viene posto dal *PdC,* essendone tutore, ma anche in quanto vertice dell'esecutivo dello Stato, dal momento che l'apposizione del segreto è un atto politico[39]. La garanzia certamente più rilevante è rappresentata dal fatto che l'apposizione del

---

[39] Informazioni tratte dal sito: https://www.sicurezzanazionale.gov.it/sisr.nsf/cosa-facciamo/tutela-delle-informazioni/segreto-di-stato.html

segreto di Stato ad una certa informazione impedisce all'Autorità giudiziaria l'acquisizione ed il conseguente utilizzo della medesima, anche in maniera indiretta. Ad ulteriore tutela di questo sottolineo quanto già stabilito dall'art. 202 c.p.p, al c.1: *"I pubblici ufficiali, i pubblici impiegati e gli incaricati di un pubblico servizio hanno l'obbligo di astenersi dal deporre su fatti coperti dal segreto di Stato"*. Un'ulteriore precisazione va fatta in merito alla differenza che intercorre tra il segreto di Stato e le classifiche di segretezza, disciplinate all'art. 42 della legge, la cui attribuzione ha natura di atto amministrativo, quindi non opponibili all'Autorità giudiziaria. Circa i limiti di tale istituto rilevo che possono verificarsi due diversi tipi di controllo: uno di merito ed uno di legittimità. Quello di merito è svolto dal *COPASIR,* che ha facoltà di interrogare il *PdC* circa l'apposizione del segreto, e può riferire a ciascuna delle camere nel caso di ritenuta infondatezza o non sufficiente giustificazione dell'apposizione stessa. Il controllo di legittimità è invece svolto dal Giudice delle Leggi, a cui il segreto non può in nessun caso essere opposto[40]. Tale situazione può ricorrere nel caso in cui sia sollevato un conflitto di attribuzione avverso gli atti che hanno motivato l'apposizione del segreto da parte del *PdC,* oppure nel caso in cui l'apposizione del segreto determini un contrasto con l'Autorità giudiziaria. Proprio nel merito dell'ultimo punto, un esempio giurisprudenziale idoneo a spiegarne l'articolazione e la complessità normativa, certamente dovuta all'implicazione di diversi organismi dello Stato, è la nota vicenda *Abu Omar.* A tal riguardo, la Corte Costituzionale si è espressa a più riprese (sentenza n. 106/2009, sentenza n. 40/2012, sentenza n. 24/2014). Senza soffermarmi su ciascun elemento della disputa giudiziaria, consultabile nello studio citato in nota[41], è invece interessante sottolineare come, nel caso menzionato, la Corte si sia dovuta pronunciare in materia di

---

[40] Capo V, articolo 41, comma 8, della legge 3 agosto 2007, n.124

[41] Giupponi Tommaso, *Il segreto di Stato ancora davanti alla Corte (ovvero del bilanciamento impossibile),* Diritto penale contemporaneo, https://www.penalecontemporaneo.it/upload/1398367530GIUPPONI%202014.pdf

segreto di Stato in occasione di conflitti di attribuzione relativi ad indagini giudiziarie su condotte di agenti dei servizi, poste in essere precedentemente all'entrata in vigore della legge del 2007. Va ricordato che nella legge 801/77, non erano contemplate le cosiddette "garanzie funzionali", ovverosia non era ammessa alcuna "causa di giustificazione"[42], dunque l'unica forma di tutela per quel personale era rappresentata dall'apposizione del segreto. Inoltre, la Corte ha stabilito che l'opposizione all'Autorità giudiziaria del segreto di Stato, non afferiva al sequestro del soggetto, dunque non giustificava condotte illecite degli agenti, piuttosto rispondeva all'obbligo di tutela dell'integrità dei rapporti tra agenzie di diversi Stati (in particolare con la CIA), quindi in piena ottemperanza del mandato legislativo. In ogni caso la legge stabilisce che *"in nessun caso possono essere oggetto di segreto di Stato notizie, documenti o cose relativi a fatti di terrorismo o eversivi dell'ordine Costituzionale"*.[43]

Per chiudere queste osservazioni si può affermare che la riforma del 2007 individua nella Corte Costituzionale l'ultimo strumento di controllo volto a verificare la legittima operatività del segreto e le garanzie funzionali degli agenti dei servizi, a salvaguardia dell'autonomia della magistratura e, contestualmente, a tutela del governo.

Conclusa l'analisi del segreto, risulta ora di più fluida e semplice comprensione il ruolo, peraltro già accennato a più riprese, del *COPASIR*. Come anticipato poche righe sopra, a maggiori poteri o comunque di più ampia portata, legati ad un settore così sensibile ed articolato, deve corrispondere un più attento ed efficace controllo. Secondo questo fondamentale ed impareggiabile principio democratico, le posizioni e le scelte assunte circa eventi ed attività di intelligence, svolte a tutela delle istituzioni dello Stato e dunque dello Stato stesso, possono essere oggetto di interrogazione da parte di un organo del

---

[42] Capo III, articolo 19, della legge 3 agosto 2007, n.124
[43] Ivi, Capo V, articolo 39, comma 11

parlamento. In questo scenario si inserisce il *Comitato parlamentare per la sicurezza della Repubblica,* naturale sostituto del *COPACO,* che ne approfondisce ed amplifica i compiti ed il raggio di intervento, superandone i già citati limiti. Per ottemperare al difficile compito di riassumere in una frase il ruolo cruciale del comitato mi servo di una frase espressa dal vice presidente attuale, senatore Adolfo Urso il quale, nel rispondere in merito al vincolo di segretezza ed all'imparzialità politica dei membri afferma: *"Noi siamo parlamentari delegati dal Parlamento a tutelare il Parlamento stesso, lo Stato e la democrazia italiana"*[44]. Per meglio comprendere il valore di queste parole occorre ricordare che in determinati casi, ad esempio in quello appena analizzato del segreto di Stato, l'Autorità giudiziaria non può accedere a determinate informazioni nell'esercizio delle proprie funzioni. L'organismo esterno che è dunque preposto a controllare l'operato generale dei servizi di informazione, facenti capo al *PdC,* è proprio il *COPASIR.* Per fare ciò, esso *"procede al periodico svolgimento di audizioni da parte del PdC e dell'AD, ove istituita, dei ministri facenti parte del CISR, del direttore generale del DIS e dei direttori dell'AISE e dell'AISI".*[45]

Non casualmente ho poc'anzi utilizzato il termine "esterno". Ciò in quanto il comitato non è l'unico strumento di cui si avvale lo Stato per verificare che l'operato delle agenzie rispetti a pieno quanto stabilito dalla legge. Già il *DIS* ha tra i propri compiti, come stabilito nel Capo I, al comma 3 dell'articolo 4, alla lettera i): *"quello di esercitare il controllo sull'AISE e sull'AISI, verificando la conformità delle attività di informazione per la sicurezza alle leggi e ai regolamenti, nonché alle direttive ed alle disposizioni del PdC".* A supporto di quanto detto, è anche costituito un ufficio ispettivo proprio presso il *DIS,* con il compito di verificare la conformità delle attività svolte alla legge stessa. Tornando al *COPASIR,* esso detiene la facoltà di effettuare un controllo più penetrante e se vogliamo più

---

[44] La7 attualità, intervista ad Adolfo Urso, Vicepresidente Copasir, 11 ottobre 2019
[45] Capo IV, articolo 31, comma 1 della legge 3 agosto 2007, n.124

invasivo, sulle specifiche attività dell'intelligence, attraverso l'acquisizione di atti o l'audizione di quelle figure utili a favorirne l'esercizio delle funzioni, potendo inoltre verificare le spese e la gestione finanziaria in merito ad operazioni svolte. Il comitato è infine destinatario di una relazione, a cadenza semestrale e fornita dal *PdC,* per il tramite del *DIS,* sull'attività delle due agenzie di rispettiva competenza, contenente una *situational awareness* ed i pericoli per la sicurezza.

1.4. Il mosaico della cyber security in Italia e possibili sviluppi.

Correva l'anno 2016 quando al Summit di Varsavia lo spazio cibernetico venne ufficialmente sancito quale V dominio operativo della Nato, completando il quadro dei già consolidati domini di terra, mare, aria e spazio. In realtà esisteva già una forte consapevolezza di una società indissolubilmente legata alla digitalizzazione ed alla tecnologia. È fuori discussione che nell'ultimo decennio siano stati fatti degli enormi progressi, specialmente in ambito legislativo, circa la tematica della cyber sicurezza. Quello che cercherò di fare, in maniera sintetica ma non superficiale, appurata soprattutto la complessità e l'importanza di questo settore, è quello di ricostruire il percorso che il Sistema paese, di concerto con le iniziative promosse dall'Unione Europea, ha sviluppato sinora. Per citare un recente intervento autorevole, l'attuale Vice direttore del *DIS* con delega al cyber, Roberto Baldoni, afferma: *"viviamo in un momento in cui i servizi essenziali e le funzioni essenziali dello Stato si stanno progressivamente digitalizzando. Questa digitalizzazione ci espone a 2 problematiche principali: una minaccia cyber ed una di tipo economico, finalizzata all'acquisizione degli asset strategici. Esse costituiscono le due facce di una stessa medaglia nello scenario attuale"*.[46] Tale considerazione si inquadra nella recente istituzione del perimetro nazionale di sicurezza cibernetica, finalizzato alla tutela degli "asset" strategici nazionali che se manipolati possono generare dei rischi per la sicurezza nazionale, ma di cui parlerò tra poco, e nella connessa esigenza di implementare le capacità di resilienza delle funzioni e dei servizi dello Stato ormai digitalizzato.

Per meglio comprendere questo grande mosaico dello spazio cibernetico nel nostro paese si possono individuare 4 momenti fondamentali.

---

[46] Intervento di Roberto Baldoni, vice direttore *DIS, Dominio immateriale delle infrastrutture critiche digitali per la sicurezza,* 4 dicembre 2020.

Il primo è rappresentato dalla "direttiva recante indirizzi per la protezione cibernetica e la sicurezza informatica nazionale", adottata con *DPCM* il 24 gennaio 2013, sotto il governo Monti. Questo documento, a mio parere di chiarissima visione e lettura, dà un'impronta netta su quelli che costituiscono i cardini dell'intero sistema. Anzitutto definisce concetti chiave quali *spazio cibernetico* e *sicurezza cibernetica*. Il primo viene inteso quale *"insieme delle infrastrutture informatiche interconnesse, comprensivo di hardware, software, dati ed utenti, nonché delle relazioni logiche, comunque stabilite tra essi"*; il secondo rappresenta invece: *"la condizione per la quale lo spazio cibernetico risulti protetto grazie all'adozione di idonee misure di sicurezza fisica, logica e procedurale rispetto ad eventi, di natura volontaria o accidentale, consistenti nell'acquisizione e nel trasferimento indebiti di dati, nella loro modifica o distruzione, ovvero nel danneggiamento, distruzione o blocco del regolare funzionamento delle reti e dei sistemi informativi"*.[47] La strategia del governo attuata con tale decreto fu inoltre accompagnata da due ulteriori documenti, entrambi pubblicati nel dicembre 2013 e consistenti nel *Quadro strategico nazionale per la sicurezza dello spazio cibernetico* e nel *Piano nazionale per la protezione cibernetica e la sicurezza informatica*. Essi hanno in comune due elementi principali, ovvero il potenziamento delle capacità di difesa delle infrastrutture critiche nazionali, secondo un approccio integrato delle capacità tecnologiche e la promozione e diffusione della cultura della sicurezza cibernetica. Tutto questo è stato reso possibile attraverso la realizzazione o l'implementazione di diversi istituti in grado di assolvere le richieste a queste sfide. Tra questi cito il cosiddetto *CISR tecnico*, l'organo tecnico di supporto al *CISR*, presieduto dal direttore generale del *DIS*, nella composizione di cui all'art. 4, comma 5, del *DPCM* 26 ottobre 2012, n.2 ed oggi confermato dal *DPCM* 3 aprile

---

[47] Art. 2, comma 1, lettere h), i), Decreto del Presidente del Consiglio dei Ministri 24 febbraio 2013

2020, n.2, che definisce l'ordinamento del *DIS*. Come non va dimenticato il grande lavoro svolto dal Computer Emergency Response Team *(CERT)* nazionale, dal *CERT* per la pubblica amministrazione *(PA)*, nonché da quelli dicasteriali. Oggi, attraverso un progressivo processo di accentramento ed unificazione di questi istituti si è giunti alla costituzione del Computer Security Incident Response Team *(CSIRT)* italiano, disposta dal *DPCM* 8 agosto 2019. I compiti di questa importante struttura, istituita presso il *DIS,* sono sanciti anche dal Decreto Legislativo 18 maggio 2018, n.65, e schematizzati nella figura seguente, inserita nell'ambito della relazione annuale sulla sicurezza 2019 al Parlamento.

Il secondo momento chiave è quello caratterizzato dalla revisione del *Piano nazionale per la protezione cibernetica e la sicurezza informatica* che, con *DPCM* del 31 marzo 2017, abrogava il predecessore del 2013. Questo nuovo decreto andò invece a delineare i nuovi assetti organizzativi dell'architettura cibernetica nazionale, in attesa del recepimento della direttiva europea 2016/1148, denominata Network and Information Security *(NIS),* ed emanata il 6 luglio 2016.

Una delle prime novità apportate dal decreto Gentiloni del 2017 fu quella di affidare al *DIS* un ruolo centrale nell'ambito del settore cibernetico, consegnando nelle mani del dipartimento il Nucleo per la Sicurezza Cibernetica (*NSC),* organo deputato al *"coordinamento della gestione della crisi cibernetica e che sarà guidato da un Vice direttore generale del medesimo dipartimento"*[48], mentre prima faceva capo al consigliere militare del *PdC.* Con tale provvedimento il Direttore generale del *DIS* ricevette anche l'importante incarico di determinare le linee guida necessarie per tutelare il settore pubblico e privato dalla minaccia cibernetica. Non di minore importanza è da sottolineare l'istituzione di un Centro di Valutazione e Certificazione Nazionale (*CVCN),* costituito presso il Ministero dello sviluppo economico *"per la verifica e l'affidabilità della componentistica ICT (information and communication tecnology), destinata ad infrastrutture critiche e strategiche".*[49]

Il terzo passaggio importante circa l'architettura nazionale sulla cyber sicurezza è stato raggiunto con il recepimento, attraverso una norma interna, come del resto previsto dal diritto dell'Unione europea, della direttiva 2016/1148 già menzionata. Trattasi del Decreto Legislativo 18 maggio 2018 n.65, recante "misure per un livello comune elevato di sicurezza delle reti e dei sistemi informativi nell'Unione". Esso assume come peculiarità principale quella di armonizzare la difesa cibernetica comunitaria, definendo i soggetti incaricati di dare attuazione agli obblighi previsti dalla nuova disciplina. Tali soggetti, a cui spetta il compito di adottare tutte le misure organizzative e tecniche finalizzate alla prevenzione di incidenti informatici ed alla valutazione dei rischi sono i cosiddetti *Operatori di servizi essenziali (OSE)* ed i *Fornitori di servizi digitali (FSD).*

---

[48] Piano nazionale per la protezione cibernetica e la sicurezza informatica, marzo 2017, p. 10
[49] Ivi, p. 11

I primi sono soggetti elargitori di un servizio *"essenziale per il mantenimento delle attività sociali e/o economiche fondamentali".*[50] Tra questi si annoverano dunque organizzazioni pubbliche o private che operano in settori quali energia, trasporti, bancario, infrastrutture dei mercati finanziari, sanitario e distribuzione di beni primari. D'altro canto i fornitori di servizi digitali racchiudono come dice la parola stessa servizi tra cui: *e-commerce,* motori di ricerca, servizi *cloud computing.* Detto ciò, nelle dinamiche delle rilevazioni e notifica degli incidenti informatici rientra l'istituto del *CSIRT* italiano, già menzionato, nonché di fondamentale importanza per la collaborazione con le autorità *NIS* ed in particolare con il punto di contatto unico. Quest'ultimo, definito come *"l'organo incaricato a livello nazionale di coordinare le questioni relative alla sicurezza delle reti e dei sistemi informativi e la cooperazione transfrontaliera a livello di Unione europea",*[51] fa da raccordo con le istituzioni rappresentanti dei paesi membri e soprattutto con l'*Agenzia dell'Unione europea per la sicurezza delle reti e dell'informazione (ENISA).*[52]

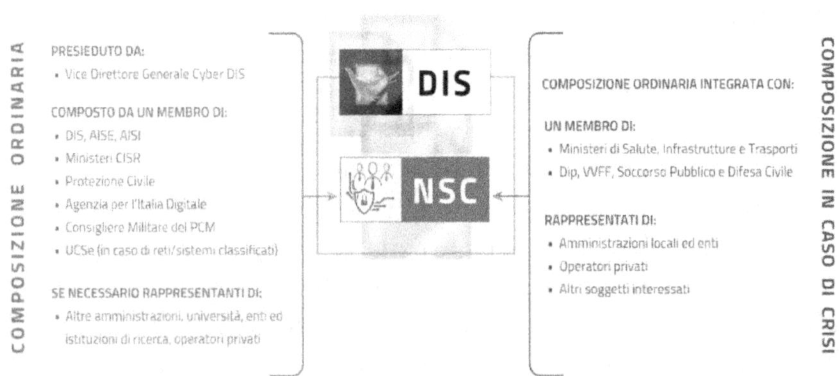

---

[50] Capo I, art.4, comma 2, lettera a), del D.L. 18 maggio 2018, n.65
[51] Ivi, Capo I, art.3, comma 1, lettera c)
[52] Ivi, Capo III, art. 10, comma 1

Infine il quarto ed ultimo tassello dell'attuale apparato di sicurezza cibernetica nazionale è rappresentato dall'emanazione di un "Perimetro di sicurezza nazionale cibernetica (*PSNC*)", adottato con legge 18 novembre 2019, n.133, il cui regolamento è stato istituito con *DPCM* 30 luglio 2020 n.131 in conversione, con modificazioni, del decreto legge 21 settembre 2019 n.105. Tale perimetro è istitutivo di un modello di declinazione moderna dell'interesse nazionale, nonché coerente con la legislazione europea la cui implementazione, a dire di molti, si è saputo anche anticipare. Va spiegato che "*il PSNC ha approfondito ed allargato gli obblighi già esistenti nei confronti dei soggetti pubblici e privati, oltre a determinare precise prerogative di verifica preventiva degli asset digitali critici*".[53] Un'attenzione particolare va rivolta a due organi già citati, il *CVCN* ed il *NSC*. L'attuazione del perimetro ha potenziato il ruolo del centro di valutazione e certificazione nazionale, conferendogli il potere di imporre, in un'ottica di gradualità: prescrizioni di utilizzo al committente, quali specifiche regole di sicurezza; condizioni per

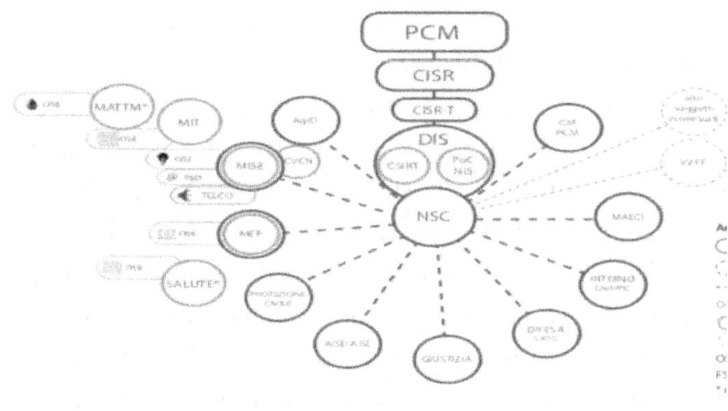

---

[53] http://www.governo.it/it/articolo/relazione-sulla-politica-dell-informazione-la-sicurezza-2019/14197

l'acquisto, vedasi certificazioni di sicurezza cibernetica; test hardware e software, nei casi di maggiore criticità[54].

Quanto invece al nucleo per la sicurezza cibernetica, il perimetro attribuisce a tale organo il compito di acquisire, valutare, controllare e coordinare tutte quelle procedure finalizzate alla prevenzione e risposta ad eventi di crisi cibernetica nazionale.

Il *NSC,* incardinato all'interno del *DIS* è supportato, sul piano operativo, da entrambe le agenzie *AISI* ed *AISE,* dal Centro nazionale anticrimine informatico per la protezione delle infrastrutture critiche (*CNAIPIC),* dal *CSIRT* italiano, dal Comando interforze operazioni cibernetiche (*CIOC),* recentemente sostituito dal Comando per le operazioni in rete (*COR)* e dall'unità di allertamento del *NSC.*

Per completare il quadro di analisi del grande mosaico cibernetico, riporto di seguito uno schema riepilogativo dell'ecosistema cyber attuale, tenuto conto di tutti gli aspetti considerati finora.

Orbene, in ultima istanza, una brevissima riflessione sull'immediato futuro circa l'evoluzione della politica nazionale e comunitaria in tema di cyber security è certamente dovuta. Come più volte ribadito, in una società sempre più digitalizzata ed indissolubilmente dipendente dal progresso tecnologico, lo Stato ha il dovere di provvedere e prevedere, anche da un punto di vista normativo, tutte le possibili minacce potenzialmente in grado di mettere a rischio la sicurezza nazionale. Non a caso si sente parlare di *Golden Power,* per ricordare il decreto legge n.21 del 2012, in tema di esercizio di poteri speciali per le società a rilevanza strategica, implementato dai recenti *DPCM* del 18 e 23 dicembre 2020, rispettivamente n. 179 e 180. Preoccupano l'avvento di reti come il 5G, o la nota *Artificial Intelligence,* in grado sia di apportare importanti miglioramenti in diversi settori, quanto di aumentare le capacità invasive nei confronti di soggetti pubblici e privati. Questi ed altri fattori di considerazione, specialmente negli ultimi mesi, anche nel merito della pandemia globale da coronavirus,

---

[54] htttps://csirt.gov.it/normativa/perimetro

hanno rafforzato le basi verso un aggiornamento dell'impianto di sicurezza cibernetica comunitaria. La stessa direttiva *NIS,* che all'art. 23 prevede la possibilità di rivisitazione del funzionamento da parte della Commissione europea, è appunto in fase di revisione. Come riporta l'Agenda digitale: *"lo scopo della revisione è duplice: da un*

lato intende valutare, in termini sia qualitativi sia quantitativi, le eventuali iniziative da adottare per rafforzare ulteriormente la sicurezza informatica dell'Unione, analizzandone costi e benefici; dall'altro vuole individuare le eventuali problematiche, che incidono o potrebbero incidere sul corretto funzionamento della direttiva".[55]

Al momento l'iter di revisione, avviato da una consultazione pubblica svoltasi tra giugno ed ottobre 2020 è giunto alla fase di proposta, presentata il 16 dicembre 2020. I prossimi passaggi prevedono una fase di negoziazione tra i co-legislatori dell'Unione, ovvero il Consiglio ed il Parlamento. Una volta approvata la modifica ed adottata la cosiddetta *NIS2,* gli Stati membri avranno l'obbligo di

---

[55] https://www.agendadigitale.eu/sicurezza/cyber-sicurezza-nazionale-stato-dellarte-e-futura-evoluzione-della-governance/

recepire la direttiva tramite normativa interna entro 18 mesi.[56] Per concludere il capitolo, riporto di seguito uno schema (acquisito dalla medesima pagina della Commissione europea in nota n.56) in merito alle sostanziali novità della rivisitazione della direttiva, tra cui spicca

l'estensione degli obblighi specifici in materia cyber anche a soggetti operanti in aree non coperte dalla direttiva vigente.

---

[56] https://ec.europa.eu/digital-single-market/en/news/proposal-directive-measures-high-common-level-cybersecurity-across-union

Capitolo 2

L'evoluzione della figura dell'analista partendo dagli studi di Richard Heuer.

2.1. La psicologia nell'analisi di intelligence.

Il cuore di questo secondo, nonché centrale capitolo del mio studio, è volto alla riflessione circa gli elementi cruciali da tenere in considerazione quando si effettua attività di analisi e, conseguentemente, ha come fine implicito quello di portare alla luce le caratteristiche e competenze tali da identificare un buon analista.

Per assolvere questo difficile compito, ho cercato di applicare gli utilissimi insegnamenti di Heuer, veterano della *Central Intelligence Agency (CIA),* e di diversi autorevoli studiosi ed esperti analisti al processo di elaborazione e stesura del presente testo. Qualsiasi considerazione risulterebbe scarsa o incompleta se a premessa di tutto non riportassi quella che credo sia la base portante di tale ragionamento: il funzionamento della complessa macchina mentale umana.

Heuer ci ricorda che *"when we speak of improving intelligence analysis, we are usually referring to the quality of writing, types of analytical products, relations between intelligence analysts and consumers, or organization of the analytical process. Little attention is devoted to improving how analysts think."*[57] Di fianco a queste parole, il testo di James Adams: *conceptual blockbusting, a guide to better ideas,* o la definizione suggerita da Herbert Simon in merito alla

---

[57] Heuer Richards J., *Psycology of intelligence analysis,* Centre for the study of intelligence, 1999, pp. 1,2

limitata razionalità della mente umana vogliono mettere un punto netto sull'influenza della psicologia cognitiva in particolar modo nell'analisi dell'ambiente circostante. Il percorso che ci apprestiamo ad affrontare toccherà da vicino quei punti necessari per comprendere in che modo i limiti imposti dai difetti cognitivi dell'uomo possano essere mitigati da un'analisi di intelligence efficace ed in grado di fornire al decisore politico quanti più elementi di rilevanza strategica prima di assumere una posizione definitiva.

Alla base della psicologia cognitiva vi è la definizione secondo cui le persone non dispongano della consapevolezza di quanto in larga parte avviene all'interno della mente umana. *Molte funzioni associate alla percezione, alla memoria, alla processazione di dati ed informazioni sono svolte in anticipo ed autonomia rispetto a qualsiasi direzione volontaria. Ciò che ci appare spontaneamente è il risultato del pensiero, non il processo di esso.*[58] Detto ciò, l'elemento più importante e significativo da trarre quale punto di partenza è dato dal fatto che tali debolezze, al pari dei difetti cognitivi inerenti al processo di pensiero sono ben visibili e dimostrabili. Conseguentemente sarà possibile per l'analista limitarne gli effetti attraverso delle tecniche e degli strumenti analitici appositamente individuati e studiati. Ci renderemo progressivamente conto di quanto sia importante valutare l'oggetto del nostro interesse da svariate prospettive, uscendo dai cosiddetti *mental ruts* imposti dal mondo circostante. Rispetto alla consapevolezza comune che gli oggetti, come le mele dagli alberi cadessero al suolo, una mente attenta ed in grado di osservare il mondo in maniera "critica" iniziò a porsi il perché di questo fenomeno. Parliamo di Newton. Allo stesso modo l'analisi di intelligence dovrà investire i propri sforzi nella ricerca di quei fattori non ancora individuati, o di quelle possibili conseguenze non tenute in considerazione. Sarà necessario acquisire informazioni, analizzarle, porsi domande alternative, applicare metodi inusuali, sviluppare ipotesi

---

[58] Ibidem

e proposte attagliate all'esigenza specifica. Questo approccio tanto razionale quanto creativo, qualora non esaustivamente spiegato, può generare talvolta confusione agli occhi di un osservatore esterno, ma è doveroso ricordare che oggi qualsiasi organizzazione di successo stimoli il proprio personale a uscire dai canoni comuni, dagli schemi. Per citare un esempio Simon Sinek, nel testo "Partire dal perché", analizza un sistema tridimensionale da lui definito *cerchio d'oro,* per spiegare come il raggiungimento del successo sia imprescindibile da un'ispirazione iniziale forte, identificata nel perché si fa una cosa, per poi giungere alle modalità ed infine al prodotto del lavoro e delle azioni dedite all'assolvimento del compito. Orbene, questi tentativi verranno costantemente ostacolati e messi a dura prova dai limiti imposti dalla mente umana. Ciò che osserviamo non gode di una oggettività indiscutibile, ma trattasi di una versione della realtà basata sulle informazioni fornite dai sensi. Parimenti, quello che percepiamo e soprattutto come processiamo le informazioni esterne, è fortemente influenzato da esperienze precedenti, fattori culturali, educativi, nonché norme e regole imposte dal sistema societario nel quale ci troviamo. A corollario di queste informazioni si aggiungono tutta una serie di difetti cognitivi, di *bias,* di *mind-set,* che impongono alla nostra mente degli schemi rigidi e difficili da superare. Tuttavia, proprio secondo la concezione secondo cui la nostra mente sia una macchina, attraverso delle tecniche specifiche ed attraverso l'esperienza sul campo è possibile ridurre, ma non azzerare gli effetti dei processi cognitivi. Pensare in maniera analitica è come guidare una macchina, può essere insegnato e migliorato con la pratica. Gli analisti migliorano dunque le loro capacità di analisi sperimentandole.

2.1.1. *I difetti cognitivi: bias, mental ruts, mind-set.*

Parlare di difetti cognitivi potrebbe sembrare fuorviante, dal momento che in realtà i processi attraverso cui le informazioni vengono elaborate nel nostro cervello a seguito della percezione sono tanto complessi quanto inevitabili. Lo stesso Heuer ci ricorda che i *"mind-sets are neither good nor bad; they are unavoidable. People have no conceivable way of coping with the volume and complexity of the data that senses have to analyze, without some kind of simplifying preconceptions about what to expect".*[59] Queste parole spiegano in maniera più che evidente come in realtà il termine difetto non va mal interpretato. Il cervello umano infatti, di fronte alla mole di informazioni che recepisce, applica una forma di semplificazione dei dati ricevuti, al fine di consentire una più agevole lettura di essi. Tale lettura risulta essere tuttavia una vera e propria interpretazione della realtà, che rende appunto soggettiva la valutazione e dunque la percezione della stessa. Tra tutti gli esempi che ho avuto modo di analizzare nel corso dello studio, il seguente risulta essere a mio parere quello che raccoglie maggiori elementi di analisi circa la percezione e la formazione di *mind-sets*. Osserviamo la seguente immagine per qualche secondo.

A questo punto, si voglia prestare attenzione a questa seconda immagine (*tratta da Edwin Boring, a new ambiguous figure, 1930*)

---

[59] Ivi, p. 10

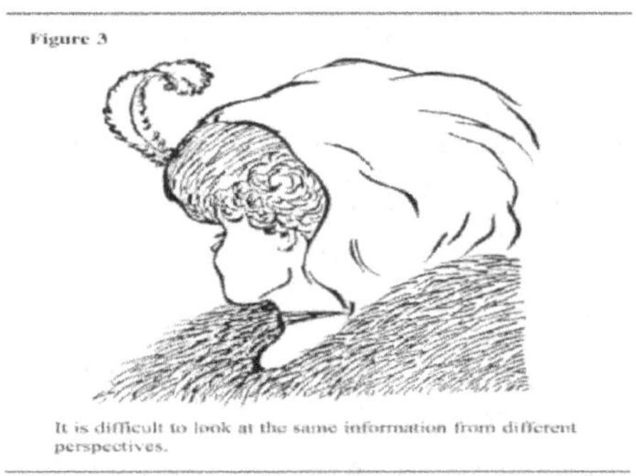

A questo punto sia chiaro che l'intento di questo esempio, sperimentato e verificato in molteplici occasioni nel corso degli anni, non è quello di accertarne la validità, ma piuttosto di spiegarne i meccanismi e le caratteristiche fondamentali. L'unico passaggio che invito a seguire ai fini del ragionamento è il seguente: con ogni probabilità, entrambe le immagini visionate avranno dato riscontro di figure femminili in età giovanile. Si voglia adesso osservare nuovamente la seconda immagine e cercare di rilevarne una figura femminile in età avanzata. Evitando volontariamente commenti in merito (ampiamente spiegati nonché facilmente rinvenibili in rete) passo direttamente alle valutazioni ed osservazioni sui meccanismi cognitivi.

Un primo elemento fondamentale da riportare è che i cosiddetti *mind-sets,* o schemi mentali sono facili da formarsi, ma resistenti e difficili dal cambiare. Ciò significa che una volta percepito un oggetto qualsiasi del mondo esterno in un certo modo, difficilmente cambieremo la valutazione esteriore dello stesso. Questo punto di partenza avviene in riferimento a quel processo di semplificazione inconscia svolto dal cervello umano. Diretta spiegazione di quanto appena affermato sta nel fatto che la prima percezione tende a persistere in quanto la mole di informazioni necessarie ad invalidarla o a correggerla sono di gran lunga superiori rispetto a quelle richieste per formarsi inizialmente. Non si sta parlando di altro se non del cosiddetto *confirmation bias,* o bias di conferma. Esso consiste nel meccanismo per cui, una volta presa visione di una prima immagine, al momento di osservarne una successiva, il nostro cervello cercherà di rinvenire quegli elementi che confermano le informazioni precedentemente ricevute e non invece quelli che le andrebbero a smentire. In sintesi notiamo come un'iniziale esposizione a degli stimoli che non sempre sono così chiari possa interferire significativamente su un'accurata valutazione anche dopo aver acquisito maggiori e più specifiche informazioni. Ebbene, questa è la situazione in cui chi si occupa di analisi dei fattori e valutazione di essi si trova ad operare costantemente: scenari dettati da informazioni dubbie, in continua evoluzione, ma soprattutto capaci di mettere in seria difficoltà la nostra capacità di interpretazione. Esattamente al pari delle difficoltà riscontrate inizialmente nel mettere a fuoco l'immagine della donna da entrambe le prospettive, l'analista dovrà affrontare tra le numerosissime variabili anche quella rappresentata dai propri limiti cognitivi. Naturalmente non esiste una risposta definitiva alla scontata domanda: "Possiamo azzerare questi difetti cognitivi?", ma sento di poter dare una ragionevole risposta, coerentemente con quanto approfondito: "Siamo in grado di mitigare gli effetti di essi attraverso una maggiore consapevolezza, unitamente alla costante pratica e ad un buon senso razionalmente accettabile". Il ruolo dell'analisi è facilmente desumibile da questa considerazione: *"an analyst who starts observing a potential problem situation at an early stage is at a disadvantage as compared with others, such as policymakers, whose first exposure comes at a later stage"*[60]. Comprendiamo che il lavoro faticoso, lungo ed insidioso svolto nel corso dell'analisi ha come fine ultimo quello di mettere il decisore politico, spesso definito *policy maker,* nelle migliori condizioni, anche cognitive, per ridurre al

---

[60] Ivi, p. 15

minimo le influenze dannose e poter assumere le decisioni in maniera quanto più oggettiva possibile.

Fatta questa iniziale, ma necessaria premessa, voglio ora concentrarmi sulle aree principali nei confronti delle quali i *bias* cognitivi hanno un'influenza significativa. Parliamo della valutazione delle *evidence;* della percezione delle cause ed effetti; della stima delle probabilità; della valutazione sui rapporti intelligence. Partendo dall'assunto che i *bias* cognitivi non risultino da predisposizioni mentali od emotive legate a fattori esperienziali, ma piuttosto da processi mentali subconsci, si prenda via via maggiore coscienza che la consapevolezza dell'esistenza di un *bias* non ne riduce l'efficacia. Tra i diversi punti che ho avuto modo di approfondire voglio citarne tre in particolare: l'*availability bias;* il cosiddetto *anchoring;* i due modelli di *hindsight* e *foresight*. La regola dell'*availability* ovvero della disponibilità, altro non è che quel principio per cui una valutazione od una stima siano influenzate dal fatto che l'analista possa richiamarne, ricollegarne o rimandarne alla memoria informazioni da lui già in possesso. Per spiegare questo principio in poche parole prendiamo ad esempio due personaggi politici che guidano il proprio partito. Il primo è un partito piccolo, ma unito e caratterizzato da una grande lealtà dei suoi rappresentanti, l'altro è un partito più influente, ma ricordato nel suo passato per intrighi, volta faccia e tradimenti di partito. Da queste semplici informazioni risulterà che il primo parlamentare avvertirà un'irrilevante preoccupazione circa possibili tradimenti all'interno della sua fazione politica. D'altro canto il secondo proverà un senso di sfiducia e di incertezza di gran lunga più significative ed angoscianti. Di conseguenza il giudizio dei due politici non risulta imparziale in tema di lealtà e tradimento. Ne risulta che quanto più facilmente si possa ricollegare un'immagine od una informazione all'esperienza, tanto maggiore sarà la parzialità del nostro giudizio.

Il secondo difetto cognitivo che ho trovato molto attuale è il cosiddetto *anchoring,* ovvero *bias* di ancoraggio. Questo specifico *bias* consiste nel fatto che: *"some natural starting point, perhaps from a previous analysis of the same subject, is used as a first approximation to the desired judgement"*.[61] Questo *bias* cognitivo si può agevolmente spiegare attraverso due punti principali. Il primo è rappresentato dalla propensione a prendere decisioni basandosi sulle prime informazioni che vengono trovate. Tale fenomeno purtroppo si manifesta non di rado specialmente quando il tempo a disposizione per effettuare un'analisi e fornirne una previsione od una stima è limitato.

Il secondo elemento da considerare è che avere un riferimento ad esempio statistico circa un determinato fenomeno, ne vincola sensibilmente la stima, nel senso che l'analista è inconsciamente portato a basarsi su questa "ancora" per svilupparne l'analisi e la successiva *assumption*. Ipotizziamo di assegnare a due gruppi di lavoro il compito di stimare la percentuale degli Stati africani rispetto ai totali delle Nazioni Unite. Ad uno diamo come àncora il dato 10%, all'altro 65%. A questo punto viene detto agli studenti di ragionare ed aggiustare la percentuale finché non si arrivi alla stima ritenuta più corretta. Il risultato è stato che il primo gruppo si spinse ad una stima del 25%, il secondo la compresse fino al 45%.[62] Questo prova il fatto che, a prescindere dalla maggiore o minore capacità di valutazione sulla base delle proprie conoscenze, vengono commessi degli errori basati da un'influenza inconscia proveniente in questo specifico caso da un'ulteriore informazione resa disponibile.

In ultimo i due modelli di *hindsight* e *foresight,* rivestono una posizione particolarmente interessante nell'ambito della distorsione delle capacità di analisi. Più nello specifico il *bias* del cosiddetto "senno di poi" è stato ampiamente discusso nella psicologia cognitiva. Il primo studio sistematico di questo difetto fu condotto nel 1975 dall'americano Baruch Fischhoff, specialista della comunicazione e

---

[61] Ivi p. 150
[62] Tversky A. and Kahneman D., "Judgment under Uncertainty: Heuristics and Biases," Science Vol.185, Sept 27, 1974, pp. 1124-1131.

della percezione del rischio e della teoria decisionale. Da lì in avanti, le ricerche svolte hanno condotto alla definizione secondo cui il *bias* in oggetto interferisca nella valutazione dell'analisi in tre modalità specifiche:

- l'analista è portato a sovrastimare l'accuratezza di una sua precedente valutazione.

- precedenti analisi e relativi insegnamenti o *lesson learned* vengono sottostimati o non considerati nella maniera dovuta.

- analisi cosiddette *postmortem,* ovvero a posteriori rispetto ad un fallimento od insuccesso, sono normalmente caratterizzate da giudizi secondo cui gli eventi e i fatti fossero stati maggiormente leggibili ed evitabili rispetto a quanto invece risulti nella realtà.[63]

L'aspetto che ritengo più interessante ed affascinante, ma allo stesso tempo preoccupante ai fini dell'analisi intelligence è il seguente: ciò che rende imprevedibile questa tipologia di *bias,* ed allo stesso tempo inaspettato rispetto a quanto detto è che non compare dal prodotto di una mancanza di obiettività o *self interest.* Esso è l'esempio di un fenomeno derivato da processi mentali che non possono essere superati attraverso una semplice ammonizione ad essere quanto più oggettivi possibile. A supporto di quanto detto, i numerosi esperimenti condotti a tal proposito hanno dimostrato come questo *bias* sia altamente resistente agli sforzi fatti per comprimerlo. Al tentativo di fare delle valutazioni come se non se ne conoscessero gli esiti, gli studiosi non sono riusciti ad assolvere il compito in maniera imparziale. Come vedremo nel successivo paragrafo, questo tipo di *bias* sfrutta in maniera massiva la rete, il percorso mentale precostituito e solidificatosi nel nostro cervello. Sebbene un utile esercizio di ricostituzione possa essere quello di domandarsi quale reazione potremmo avere se l'evento opposto fosse accaduto, il risultato conclusivo appare quello per cui *"it seems very difficult, if not*

---

[63] Heuer Richards J, op. cit. p. 161

impossible, to reconstruct accurately what one's thought processes were or would have been before this restructuring".[64]

---

[64] Ivi, p. 171

2.2. Il sistema di memoria umana.

Questo specifico percorso di studio risulterebbe incompleto senza un'opportuna riflessione circa il funzionamento del nostro cervello, ed in particolare delle caratteristiche del nostro sistema di memoria. Per l'appunto, la memoria può essere ritenuta come un ampio magazzino all'interno del quale le informazioni che provengono dall'esterno e che percepiamo, analizziamo e valutiamo, vengono successivamente collocate. Ciò che comunemente viene definito memoria è in realtà un complesso insieme di processi e funzioni che consentono alle informazioni di essere immagazzinate. Conosciamo almeno tre principali processi mentali, e sono la: *"sensory information storage (SIS); la short term memory (STM); la long term memory (LTM).*[65]

A premessa di tutto va chiarito che mentre la *SIS* e la *STM* sono strutturate su una capacità e capienza limitate, la memoria a lungo termine gode invece di una capacità virtualmente illimitata. Ciò significa che per essa il limite non è dettato dalla quantità di informazioni registrabili, quanto piuttosto dalla raggiungibilità di essa ed il transito dalla *STM* alla *LTM*. Procediamo per ordine.

La *SIS,* come dice la parola stessa, trattiene immagini per decimi di secondo dopo essere state recepite dagli organi sensoriali. Il funzionamento di essa può essere dimostrato con il semplice esperimento di tenere gli occhi chiusi e, successivamente, aprirli e chiuderli quanto più velocemente possibile. Chiudendo infine gli occhi, si potrà notare come l'immagine ci compaia davanti per qualche frazione di secondo prima di svanire. Questo esempio spiega perché un film girato a 16 *frames* al secondo generi nella nostra mente movimento, piuttosto che immagini a sé. Si stima che la *SIS* trattenga informazioni per un quarto di secondo e che non sia possibile estendere tale intervallo di tempo per quanto finora noto.

---

[65] Peter H. Lindsay and Donald A. Norman, *Human Information Processing*, New York: Academic Press, 1977

In secondo luogo troviamo la *STM,* meglio nota come "memoria a breve termine". Per fare un rapido confronto con la precedente, se la *SIS* trattiene l'immagine o il suono sfruttando le rispettive memorie iconica ed ecoica, la *STM* conserva invece le parole formate da queste immagini e/o suoni. Questi due tipi di memoria hanno però in comune, come già anticipato, di essere limitate nel tempo. La *STM* ha però in particolare la possibilità di trasferire un'informazione alla *LTM,* ma ciò non sempre accade. Un chiaro esempio di come funziona questo tipo di memoria è constatabile quando si conosce una persona. Se dopo qualche minuto essersi presentati non ci si ricorda il nome significa che quell'informazione non è stata trasmessa alla memoria a lungo termine. La domanda che sorge spontanea è: "come si trasferisce un'informazione dalla *STM* alla *LTM?"*. Occorre però fare un passo indietro. Un articolo scritto più di mezzo secolo fa dal titolo: *"The magic number seven - plus or minus two"-*[66], sostiene che sette più o meno due sia il numero che un individuo medio riesca a tenere in mente in una sola volta. Essendo la *STM* una memoria di capacità limitata, ciascuno deve scegliere su cosa focalizzare la propria attenzione, la propria concentrazione. Se ci si applica alla memorizzazione, non si potrà prendere facilmente appunti e viceversa. Per lo stesso motivo, se ci viene richiesto di fare una valutazione su un tema specifico, non si riuscirà a tenere insieme a mente pro e contro, ma uno alla volta. In sintesi, come la nostra mente cerca di semplificare i problemi per essere più efficiente, allo stesso modo le tecniche analitiche che tratteremo in questo capitolo ci consentono di applicare il medesimo principio per "esternalizzare" informazioni complesse. In due parole, mettere su carta gli aspetti chiave da considerare in modo da valutarne potenzialità e debolezze in maniera più oggettiva e completa possibile.

---

[66] George A. Miller, *"The Magical Number Seven--Plus or Minus Two: Some Limits on our capacity for processing information."* The psycological review, Vol.63, No.2 (March 1956)

Come anticipato, la *LTM* non contiene teoricamente alcun limite di capacità in termini di acquisizione di informazioni. Le uniche due variabili note sono dettate dai processi mentali che trasferiscono un dato dalla *STM* alla *LTM* e la successiva capacità nel tempo di risalire a quell'informazione. Prima di scendere nei particolari del funzionamento della *LTM,* è opportuno fornire una visione generale d'insieme. Sebbene gli studi svolti in tema di memoria non sempre abbiano condotto a risultati univoci, un comune denominatore sviluppatosi nel corso degli anni consiste nel quantificare in approssimativamente 10 miliardi il numero dei neuroni presenti all'interno della mente umana. Ciascun neurone possiede delle ramificazioni definite come dendriti e assoni. I neuroni risultano essere interconnessi attraverso degli impulsi elettrici o chimici che generano delle giunzioni sinaptiche. Infatti, nel momento in cui due neuroni vengono attivati, queste giunzioni vengono rinforzate. Da ciò ne risulta che la mente sia una gigantesca rete virtuale, dove un pensiero conduce ad un altro tramite un percorso, un "labirinto" costituito da migliaia di diramazioni. Il dettaglio più interessante di questo aspetto è che più un percorso mentale viene seguito e reiterato nel tempo, più risulterà agevole ripercorrerlo nel tempo ed acquisirne i dettagli. Viceversa risulterà sempre più difficile risalire ad informazioni custodite in aree recondite e raramente perquisite del nostro cervello. Una spiegazione di questo fenomeno è facilmente dimostrabile nell'eccezionale capacità dei giocatori professionisti di scacchi, che sono in grado di ricordare con estrema facilità le posizioni dei pezzi durante le partite e sono in possesso di un'eccezionale capacità di prevedere le mosse future dell'avversario fino a 4, 5, o anche 10 mosse in anticipo. Questo è possibile in quanto la loro mente è abituata agli schemi dettati dalle rigide regole del gioco, consentendo dunque di prevedere alcune delle soluzioni possibili. Il nodo centrale su cui intendo focalizzare l'attenzione è che questi *path,* ovvero i percorsi mentali che vengono seguiti e ripetuti nel tempo, non sono altro che degli schemi, dei meccanismi da cui è difficile uscire una volta ben strutturati. Ciò avviene perché ogni volta che viene reiterato, lo stesso percorso mentale si rinforza. Una semplice esemplificazione di quanto detto è rinvenibile nel fatto che: *"is always easier to learn a new habit than to unlearn an old one"*.[67] Non è un caso che il fattore chiave che consente il trasferimento di un'informazione dalla *STM* alla *LTM* sia proprio lo sviluppo di associazioni tra il nuovo dato e degli schemi già preesistenti, nonché la profondità di processazione, ovvero lo sforzo cognitivo necessario a trasferire un'informazione specifica alla *LTM*. Tra tutti, voglio riportare tre metodi principali di memorizzazione, tratti dal testo in nota.[68]

- meccanicamente

- per assimilazione

- attraverso strumenti e tecniche mnemoniche

Il metodo meccanico è quello, se vogliamo, più brutale in quanto consiste nella reiterazione frequente dell'informazione al fine di creare nel cervello un nuovo schema.

Per questi motivi risulta essere il sistema meno efficiente per acquisire un'informazione durevole nel tempo. La memorizzazione per assimilazione, come dice la parola stessa, assimila il dato fornito ad uno schema già esistente, che ne costituisce il riferimento principale. È un metodo auspicabile, ma necessita della *condicio* per cui l'informazione sia interrelata ad un'esperienza precedente. Infine la tecnica di sfruttare degli strumenti mnemonici consiste nella semplificazione di un'informazione o un insieme di informazioni tramite qualsiasi strumento di codificazione dei dati al fine di facilitarne la memorizzazione. Appartengono a questo campo l'individuazione di acronimi per ricordare dei dati, come ad esempio

---

[67] Heuer Richards J, op. cit. p. 30
[68] Francis S. Bellezza, *"Mnemonic Devices: Classification, Characteristics and Criteria"* (Ahtens, Ohio: Ohio University, pre publication manuscript, January 1980

HOMES, per indicare le prime lettere dei grandi laghi d'America: Huron, Ontario ecc... Come anche l'associazione di un nome da memorizzare ad un altro simile già noto. Queste tecniche non fanno altro che mitigare i limiti della mente legati alla quantità delle informazioni memorizzabili attraverso una struttura artificiosa a cui il dato da apprendere è connesso.

2.2.1. *Uscire dagli schemi e mental tools.*

Se è stato ampiamente chiarito che i *mind-set* siano generati automaticamente dalla nostra mente al fine di semplificare l'elaborazione delle informazioni e renderle più accessibili, è stato anche spiegato che questo passaggio risulta essere inevitabile. Ciò che ritengo sia utile trattare per fornire un elemento ulteriore di analisi è proprio l'insieme di suggerimenti e strumenti necessari per comprendere che la chiave di volta per un'analisi efficace sia proprio quella capacità di "uscire" da questi schemi. *"Minds are like parachutes. They only function when they are open"*.[69]

Grandi fallimenti di intelligence non sono dovuti spesso ad errori nel collezionare e raccogliere le informazioni, quanto in errori nell'analisi in sé. E' stato detto che quando si inizia a ragionare seguendo precisi canali di pensiero, tenderemo a seguirli proprio perché questi percorsi vengono di volta in volta rinforzati, nella maniera in cui le informazioni localizzate nelle vicinanze di questi schemi risultano naturalmente interpretati. D'altro canto, dati non facilmente rinvenibili in schemi già costituiti difficilmente verranno in mente.

Ecco perché esercizi finalizzati alla rottura di questi *mind-set* sono fondamentali per creare nuovi *path,* nuovi schemi necessari a conservare creatività ed apertura mentale nell'analisi e nella risoluzione dei problemi. Per meglio comprendere cosa significa uscire

---

[69] Heuer Richards J, op. cit. p. 65

dagli schemi riporto di seguito un esercizio di *problem solving,* che consiste nel tracciare al massimo 4 linee rette senza staccare la penna

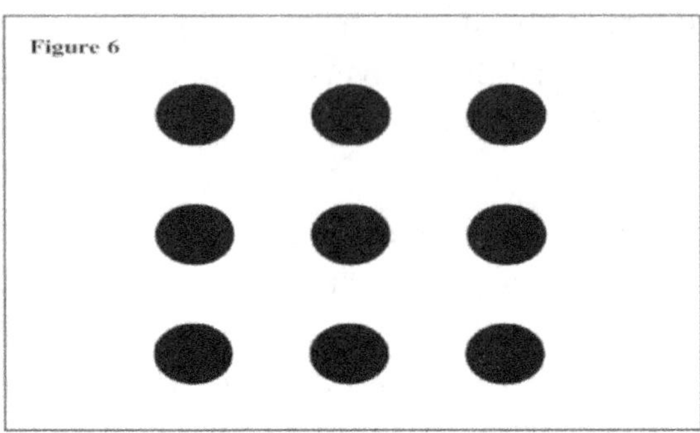

dal foglio per collegare tutti e nove i cerchi rappresentati.

La difficoltà riscontrata nel risolvere questo genere di esercizi sta nel fatto che spesso, inclusi gli analisti, siamo rinchiusi all'interno di vere e proprie "gabbie mentali", dettate dagli obblighi imposti dagli organi superiori e che possono impedirci di leggere le soluzioni più creative, nonché proficue.

Nel caso in oggetto, la difficoltà di risoluzione sta nella capacità di uscire dalle rigide regole imposte dall'immagine, ovvero nello spazio utilizzabile per tracciare le rette. In realtà risulta assolutamente remunerativo sfruttare non solo le informazioni fornite, ma piuttosto quelle non date. Ciò che non è reso indisponibile o non vietato va tratto

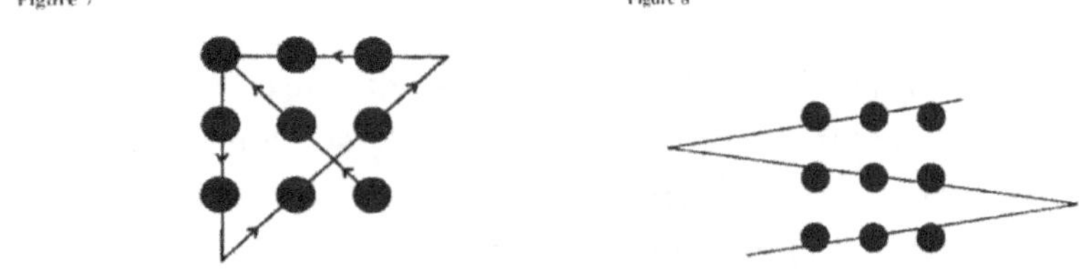

a nostra disposizione. Una volta usciti dallo schema appena citato risulteranno accessibili le diverse soluzioni.

In analisi è stato detto che il punto di partenza per verificare la credibilità di un'ipotesi consiste nel cercare di smentirla, di confutarla piuttosto che sostenerla e confermarla. Ciò avviene per lo stesso motivo per cui è più complesso abbandonare uno schema precostituito che elaborarne uno nuovo. Uscire dagli schemi significa dunque analizzare una situazione specifica da più prospettive, proprio come l'esercizio sopra citato. Alcune delle tecniche approfondite ed utili per uscire dagli schemi sono le seguenti, poi spiegate più dettagliatamente:

-   *Be wary of mirror images*

-   *Thinking backwards*

-   *Crystal ball*

-   *Role playing*

-   *Devil's advocate*

Procedendo per ordine, il primo esempio invita più ad una consapevolezza che ad una tecnica specifica. Spesso infatti, nell'analisi e nell'elaborazione di possibili linee di azione da parte di *hostile countries* o *competitors,* si cerca di riprodurre il come o il perché l'analista o il *policy maker* straniero stiano agendo in un determinato modo. Questo genere di ragionamento: "se fossi al posto suo agirei in maniera X al fine di ottenere l'effetto Y", noto come *mirror imaging,* si deve però scontrare con la constatazione che la mia mentalità, dunque il mio modo di pensare e di agire, caratterizzati da insegnamenti e dettami specifici, non corrispondono necessariamente a quelli della figura in riferimento. Per fare un esempio, la nostra percezione di un interesse nazionale non è in ogni caso equivalente a quella altrui, anzi.

Una seconda tecnica che sfrutta il principio generale di affrontare un problema da una diversa direzione è quella del *thinking backwards,* ovvero del ragionare a ritroso. Per svolgere questo tipo di esercizio occorre partire da un'ipotesi di un evento inaspettato come se fosse avvenuto comunque. Una volta fatto questo, è necessario portarsi nel futuro e riflettere a ritroso sugli eventi che abbiano potuto condurre alla manifestazione di tale evento. In questo modo il cervello si sforza a risalire ad episodi preparatori di quello specifico avvenimento in maniera alternativa, partendo cioè da una differente prospettiva. Il fattore chiave di questo genere di tecnica consiste nel cambiare il *focus* della questione dal "se" qualcosa possa accadere, al "come". Questo strumento di analisi risulta essere particolarmente remunerativo in merito ad eventi con una scarsa probabilità che si verifichino, ma con gravi conseguenze possibili.

La cosiddetta "sfera di cristallo", è in realtà una tecnica correlata alla precedente, in quanto suppone che una fonte "perfetta" di intelligence ci riveli che una determinata ipotesi sia errata. Il compito dell'analista è quello di sviluppare uno scenario per cui la medesima supposizione possa trovare un riscontro di fattibilità. Nel caso in cui sia possibile elaborare una situazione plausibile, allora la nostra ipotesi può ritenersi aperta al beneficio del dubbio.

Se parliamo invece di *role playing* non bisogna commettere l'errore di confondere tale esercizio con quello del *mirror images*. L'analista non deve semplicemente mettersi nei panni dell'avversario, ma "vivere" il ruolo di esso. A tal proposito mi permetto di riportare una personale esperienza che mi ha insegnato a comprendere, seppur parzialmente, questo genere di attività. Mi riferisco ad un'iniziativa, nota come "National Model United Nations", a cui nel 2015 ho preso parte e che consiste nel vestire i panni di rappresentanti di Stati stranieri e farne le veci in ambito internazionale e più specificamente, nell'ambito delle Nazioni Unite. Questo genere di esercizi, qualora approfonditi e dettati da un ampio lavoro preparatorio, sia da un punto di vista informativo che culturale, permette di entrare maggiormente nel ruolo, in maniera da provare a ragionare nella maniera quanto più vicina possibile a quella del paese rappresentato. Naturalmente, non sarà consentito, nè richiesto assumere tali caratteristiche al 100%, ma tali processi accendono nell'individuo che le applica una spia che permette di vedere le cose con una luce diversa.

In ultimo, ho avuto modo di imbattermi nella cosiddetta tecnica dell'"avvocato del diavolo". Sebbene questo termine indichi convenzionalmente quella/e figure che prendono le difese di una parte minoritaria, in questo caso l'accezione del termine va interpretata e riadattata. Ipotizziamo di trovarci su un'imbarcazione militare e che riceviamo delle informazioni circa possibili attacchi terroristici nei nostri confronti. La prima cosa da fare in qualità di responsabili sarebbe rivedere e perfezionare, nonché provare a colmare le possibili lacune presenti nel piano di difesa della nave. Il citato *devil's advocate* consiste nell'assegnare ad una piccola parte del team incaricato il compito di elaborare un piano di attacco alla nave stessa. In questo modo, provando a interpretare la parte dei terroristi stiamo autorizzando l'analista interessato a ragionare in maniera non convenzionale, limitandone le inibizioni dettate dagli schemi imposti dal normale metodo di analisi.

Anche qui risalta subito agli occhi il collegamento di quest'ultimo esempio con i precedenti. Il minimo comune denominatore di queste tecniche consiste nell'invertire l'ordine degli addendi, nel rovesciare la prospettiva da cui si guarda un problema. Il tutto rimane sempre a supporto dell'assunto per cui sia più semplice confermare un'ipotesi che smentirla e confutarla. Per questo motivo è fondamentale aprire e rompere questo genere di *mind-sets*.

2.3. Strumenti e tecniche analitiche: The Analysi of Competing Hypotheses.

Il noto *Webster's Dictionary* definisce l'analisi: *"as a division of a complex whole into its parts or elements"*.[70] Il principio del *decision analysis* risulta richiamare la locuzione latina del *divide et impera,* secondo la quale per avere la meglio sugli avversari, o più in generale su dei problemi occorra dividerli. Questa tecnica può essere riadattata all'analisi di intelligence secondo l'orientamento per cui sia necessario scomporre un tema in termini più comprensibili e maggiormente semplificabili. Tra tutti, due dei concetti chiave fondamentali per acquisire una mentalità analitica sono la **decomposizione** e l'**esternalizzazione.** La prima è stata appena definita, mentre la seconda è stata già parzialmente introdotta, e consiste nel trasferire un problema dalla nostra mente ad un pezzo di carta o in un luogo dove può meglio essere compresa. Entrambi i concetti rappresentano una forma di semplificazione, di facilitazione dei processi già compiuti dalla nostra mente per rendere accessibili le informazioni esterne.

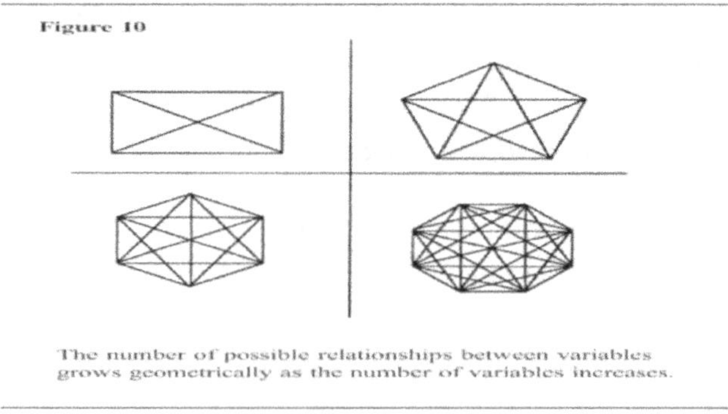

---

[70] Webster's Ninth New Collegiate Dictionary, 1988.

Più aumentano le variabili di un problema, più sarà difficile per la nostra mente riuscire ad analizzarle; ecco perché è necessario sfruttare delle tecniche che ci permettano di superare i limiti imposti dalla capacità di analisi del nostro cervello. Uno degli step iniziali, fondamentale per condurre l'attività di analisi, è quello di determinare un'appropriata struttura per il tipo di problema da risolvere. Ciò consiste sostanzialmente nel produrre un elenco di fattori quali variabili, indicatori, eventi accaduti, possibili spiegazioni e conseguenze ecc... Per fare questo aiutano strutture come diagrammi, tabelle o per esempio matrici. L'esempio più evidente che aiuta a comprendere questo tipo di approccio è rappresentato dall'esperimento *"car purchase matrix"*, discendente dalla tipologia di analisi nota come *"multiattribute utility analysis"*, ovvero di una semplice matrice che può agevolare un qualunque consumatore nella scelta di un'auto. Tale schema si sostanzia nell'elencazione di diversi fattori presi soggettivamente in considerazione sulla base delle proprie preferenze. Questi elementi specifici, vengono messi di volta in volta a confronto con le possibili alternative di scelta (ora rappresentate dalle auto). Dai risultati ottenuti da questo confronto si evince la soluzione che maggiormente soddisfa le esigenze del consumatore. Ora, per non togliere spazio all'analisi delle ipotesi vera e propria, che comunque rimanda pressochè interamente a questo schema di ragionamento, riporto in nota l'esempio citato se di interesse per il lettore.[71]

L'analisi delle ipotesi comparate, da ora citata come *ACH* (analysis of competitive hypotheses), costituisce un po' la sintesi e la più idonea conclusione di questo capitolo, in quanto riassume le debolezze cognitive e le tecniche apprese in un metodo analitico utile nello svolgere un approfondito lavoro di analisi. L'*ACH* è uno schema composto da 8 step successivi e risulta particolarmente idoneo per temi controversi in cui appare fondamentale risalire al percorso metodologico che ha portato alla scelta di un'ipotesi piuttosto che

---

[71] Heuer Richards J, op. cit. p. 90

un'altra. Il fattore di successo di questo metodo è dettato dalla considerazione per cui le ipotesi formulate non vengano analizzate una per volta, bensì messe in competizione l'un l'altra. In questo modo quelle che soddisfano i requisiti logici posti in essere dalle *evidence* individuate sopravvivono, le altre vengono inevitabilmente accantonate.

Step-by-Step Outline of Analysis of Competing Hypotheses

1. Identify the possible hypotheses to be considered. Use a group of analysts with different perspectives to brainstorm the possibilities.

2. Make a list of significant evidence and arguments for and against each hypothesis.

3. Prepare a matrix with hypotheses across the top and evidence down the side. Analyze the "diagnosticity" of the evidence and arguments— that is, identify which items are most helpful in judging the relative likelihood of the hypotheses.

4. Refine the matrix. Reconsider the hypotheses and delete evidence and arguments that have no diagnostic value.

5. Draw tentative conclusions about the relative likelihood of each hypothesis. Proceed by trying to disprove the hypotheses rather than prove them.

6. Analyze how sensitive your conclusion is to a few critical items of evidence. Consider the consequences for your analysis if that evidence were wrong, misleading, or subject to a different interpretation.

7. Report conclusions. Discuss the relative likelihood of all the hypotheses, not just the most likely one.

8. Identify milestones for future observation that may indicate events are taking a different course than expected.

Lo scenario di riferimento per la descrizione dei seguenti step è il seguente: a seguito di un bombardamento USA nei confronti di *intelligence headquarters* iracheni avvenuti nel 1993, il compito dell'analista è quello di valutare le possibilità di ritorsione.

Step 1. Il primo passaggio da seguire è quello di formulare delle ipotesi plausibili nel merito dello scenario presentato. La tecnica più efficace in tal senso è quella del *brain-storming,* cercando di coinvolgere un team di analisti e non di un solo individuo. Questo aspetto risulta fondamentale al fine di evitare la possibilità di non individuare tra le tante, l'ipotesi corretta e senza la quale l'analisi fallirebbe. In questa fase è fondamentale mettere sul tavolo tutte le ipotesi possibili, in quanto la non individuazione di quella corretta pregiudicherebbe l'intero processo di analisi. È bene ricordare che quasi mai l'ipotesi corretta cade facilmente agli occhi. Il fattore inganno, meglio noto come *deseption plan*[72], può essere infatti perseguito per deviare l'analista concorrente dalla giusta lettura dei fatti. A tal proposito mi preme sottolineare la differenza tra ipotesi *unproven,* ovvero non provate fino a quel momento ed ipotesi *disproved,* cioè smentite. Un'ipotesi che rischia di essere accantonata è proprio quella non provata, ma nemmeno smentita, attraverso la quale il nemico cerca di ingannarci.

Step 2. Nello step numero due risulta essere fondamentale porsi delle domande. Lo scopo di questa fase è quello di individuare le *evidence,* ovvero i fatti e le prove a sostegno e a sfavore delle ipotesi formulate. Per svolgere un lavoro ordinato e quanto più analitico possibile, è bene elencare in un primo momento le *evidence* comuni a tutte le ipotesi e, solo successivamente, considerare ciascuna ipotesi singolarmente. Per ognuna di esse occorre chiedersi quali eventi dovrebbero accadere, quali dovrebbero essere già accaduti, quali potrebbero accadere in quel preciso istante, al fine di renderla verosimile o di consentirne gli sviluppi. Nel caso in cui si rinvengano delle *evidence* a sostegno di questi ragionamenti è corretto metterle nero su bianco; in caso di risposta negativa è fondamentale chiedersi come mai non vi siano riscontri concreti di esse. Anche in questo caso la risposta potrebbe essere rinvenuta nella volontà di una strategia avversaria. Insomma, nulla va lasciato al caso, ma visto che ciò è spesso impossibile, bisogna comunque sforzarsi alla ricerca di più elementi plausibili, inclusi ovviamente i meno scontati. In questa fase

---

[72] Ivi, p. 98

inizia ad emergere un concetto chiave per comprendere l'intero processo: la diagnosticità delle *evidence*. Essa consiste in sintesi nella qualità del fenomeno osservato in relazione all'ipotesi formulata. Per spiegare più semplicemente questo termine, di stretta derivazione medica, riporto un esempio. Un'alta temperatura in un individuo fornisce al medico un significativo suggerimento che il paziente sia malato, ma una corrispondente trascurabile indicazione di che tipo di malattia (ipotesi) stia soffrendo. Di conseguenza, una *evidence* è diagnostica quando in grado di influenzare significativamente il giudizio dell'analista sulla veridicità dell'ipotesi considerata.[73]

Step 3. Il terzo step consiste nell'elaborazione di una matrice

Figure 15
Question: Will Iraq Retaliate for US Bombing of Its Intelligence Headquarters?

Hypotheses:
H1 - Iraq will not retaliate.
H2 - It will sponsor some minor terrorist actions.
H3 - Iraq is planning a major terrorist attack, perhaps against one or more CIA installations.

	H1	H2	H3
E1. Saddam public statement of intent not to retaliate.	+	+	+
E2. Absence of terrorist offensive during the 1991 Gulf War.	+	+	–
E3. Assumption that Iraq would not want to provoke another US attack.	+	+	–
E4. Increase in frequency/length of monitored Iraqi agent radio broadcasts.	–	+	+
E5. Iraqi embassies instructed to take increased security precautions.	–	+	+
E6. Assumption that failure to retaliate would be unacceptable loss of face for Saddam.	– –	+	+

consistente nel posizionamento delle ipotesi lungo le ascisse e le *evidence* lungo le ordinate. In questa fase risulta fondamentale valutare la diagnosticità delle *assumption and evidence,* in maniera tale da supportare o meno il valore delle ipotesi considerate. Prima di tutto, occorrerà prendere in considerazione un'*evidence* alla volta e rilevarne la consistenza rispetto a ciascuna delle ipotesi. Per fare ciò è

---

[73] Ivi, p. 102

necessario utilizzare un metro di valutazione univoco, qui rappresentato dai + e -, ma che spesso, per una più accurata analisi, sono sostituiti o implementati da una scala numerica riportante il valore intrinseco di ciascun *item of evidence*. A questo punto, sarà possibile effettuare una prima distinzione tra evidence più o meno diagnostiche. La *E1,* ad esempio, rivela una scarsa diagnosticità, dal momento che una pubblica dichiarazione di Saddam Hussain non venga ritenuta affidabile e dunque non portatrice di conseguenze concrete o verosimili. Viceversa la *E5,* descrive una sostanziale scissione tra l'ipotesi n.1 e le restanti. Lo stesso dicasi per la *E4,* in quanto l'incremento dei monitoraggi delle frequenze radio da parte del governo iracheno potrebbe essere indice di attività ostili in corso o in preparazione. Una riflessione che appare utile ai fini della valutazione della matrice è la seguente: "Se questa ipotesi fosse vera, quale sarebbe la probabilità di vedere o il verificarsi di questa *evidence?"*. Questo genere di ragionamenti consente di arricchire la valutazione dell'analista con ulteriori elementi in considerazione, così da ridurre il numero di aspetti lasciati all'oscuro.

Step 4. Diretta conseguenza dello step precedente è quella di riformulare la matrice sulla base delle informazioni acquisite e valutazioni effettuate. Questo stadio di analisi permette all'analista di svolgere una semplificazione delle *evidence* considerate, grazie alla eliminazione di quelle apparse con scarso valore diagnostico o comunque non significative ai fini delle ipotesi considerate. È bene conservare quegli *items* che sono stati scartati in una lista separata a conferma del fatto che siano stati comunque presi in considerazione.

Step 5. Lo step n. 5 è forse quello che richiede il maggior peso analitico possibile. In questa fase bisogna trarre delle plausibili conclusioni circa le ipotesi considerate. Per fare ciò è fondamentale provare a smentire le ipotesi date attraverso le *evidence* individuate. La naturale tendenza sarà quella di confermare quelle ipotesi ritenute corrette o rispondenti al nostro canone di ragionamento, col rischio di conferire maggior peso alle informazioni acquisite in supporto di tali ipotesi. Questo induce ad errore, in quanto bisognerà sforzarsi di andare all'inverso rispetto al nostro naturale ed inconscio approccio. Nel fare questo, l'ipotesi con il minor numero di *meno (-)* risulterebbe quale ipotesi più plausibile rispetto alle evidence considerate, mentre quella con il maggior numero di *(-),* quella invece più improbabile. Ricordo che non avremo la certezza che l'ipotesi valutata come migliore sarà quella esatta, dal momento che potremmo aver commesso una serie di errori più o meno gravi, tra cui una mancata considerazione di *evidence* rilevanti ai fini della valutazione, oppure un errore nella relazione tra evidence e ipotesi, tale da indurre ad uno scorretto valore fornito ad una o più di esse. La matrice ha come fine ultimo quello di essere un elemento di supporto ed a sostegno dell'analisi, in grado di facilitare la consapevolezza dell'analista nelle relazioni tra *evidence* ed ipotesi. Un esempio è rappresentato dal fatto che la matrice potrebbe portare alla luce un'inconsistenza di un'ipotesi considerata e, a tal proposito, l'analista può non essere d'accordo. Se l'analitico rispetto della procedura ha condotto l'analista a riconsiderare, o ad eliminare ipotesi prima sopravvalutate o mal giudicate, allora la procedura avrà assunto un ruolo di grande utilità e raggiunto dunque il suo scopo di ausilio. *"A principal advantage of the analysis of competing hypotheses is that it forces you to give a fairer shake to all the alternatives"*.[74]

Step 6. Lo step n.6 assume il compito di sintetizzatore dell'analisi svolta fino a questo momento. La fase di revisione del lavoro finito è fondamentale per verificare che non vi siano stati dei punti non considerati, delle valutazioni mal effettuate, delle constatazioni affrettate a causa dello scarso tempo a disposizione. Quando l'analisi svolta si rivela un fallimento, ciò è spesso dettato dal non aver correttamente o sufficientemente messo alla prova le ipotesi poi dimostratesi invalide. Ad esempio, in questa fase può risultare vitale

---

[74] Ivi, p. 105.

riverificare le fonti acquisite e dimostrarne la validità o viceversa smentirne la sostanza.

Step 7. Giunti quasi al termine del processo analitico, riveste un ruolo centrale riportare le conclusioni dell'analisi svolta. In tal senso occorre indicare la probabilità delle soluzioni individuate, in questa circostanza rappresentate dalle ipotesi maggiormente coerenti con le *evidence* acquisite e vagliate. I *decision maker* devono trovarsi nelle condizioni tali da poter scegliere tra distinte alternative possibili, nonostante il differente valore attribuito dall'analista a ciascuna ipotesi. Rammento che nella stima delle probabilità l'analista è soggetto a diversi bias, come già visto al par. 2.1.1, per cui è comunque importante che il detentore del potere decisionale abbia dinanzi a sé tutte le principali alternative rimaste all'interno della matrice principale come possibili soluzioni.

Step 8. Lo step finale porta alla luce un importante elemento secondo il quale qualsiasi conclusione proveniente da un ragionamento analitico va considerata come temporanea. La situazione di un preciso momento può restare la stessa, come può cambiare con il sopraggiungere di nuove informazioni. In tal senso è opportuno identificare quegli aspetti su cui porre una maggiore attenzione al fine di individuare con più semplicità eventuali cambiamenti o variazioni rispetto a quanto precedentemente studiato.

In conclusione, come potuto apprezzare dall'inizio al termine di questo metodo, nonché utile strumento di supporto all'analisi, l'unico elemento costante dall'inizio alla fine è l'incertezza. Dunque, benché questo possa risultare a tratti frustante, può comunque rientrare tra uno dei pochi stati sulla cui presenza possiamo parlare con una assoluta consapevolezza. Non a caso Voltaire, parlando appunto di incertezza affermava: *"Doubt is not a pleasant state, but certainty is a ridicolous one"*[75].

---

[75] M. Rogers, ed., Contradictory Quotations (England: Longman Group, Ltd., 1983).

2.3.1. Il metodo Tetlock e i superforecasters.

Al fine di concludere questo capitolo in maniera sufficientemente chiara ed esaustiva, ho reputato opportuno riflettere sinteticamente su un aspetto su cui spesso mi sono imbattuto nel corso dello studio. Mi riferisco nello specifico al rapporto dell'analisi con quelle che vengono definite *scienza* ed *arte*. La domanda è dunque se il complesso e lungo processo di analisi includa, perlomeno in parte, degli elementi che non siano connessi ad uno stretto e rigido schema o metodo scientifico. Il collega Giovanni Conio, autore di alcuni articoli in ambito intelligence, dopo aver analizzato pareri autorevoli a sostegno del ruolo dell'intuizione nel processo di analisi, tra cui quello dello studioso David Folker, conclude con la riflessione secondo la quale "la scienza fornisce le regole per ottenere il massimo da un accurato e oggettivo processo analitico. L'arte sta nel come noi applichiamo queste regole, fortemente basate sull'esperienza e sulla conoscenza dell'argomento oggetto di studio".[76] A supporto di questa tesi si può annoverare l'ormai popolare e rivoluzionario metodo inventato dallo studioso Philip Tetlock, applicato da un team da lui selezionato meglio noto come *superforecasters,* ovvero degli esperti con capacità elevatissime di effettuare previsioni di eventi futuri. Premetto che le informazioni di seguito riportate sono tratte da un articolo di Matteo Faini, consultabile al sito riportato in nota.[77] In breve si tratta di una squadra originariamente costituita dallo stesso Tetlock, nota come *Good Judgment project,* nell'ambito di una competizione tra team di esperti organizzata da *IARPA (Intelligence advanced research projects activity),* ovvero la comunità di intelligence incaricata di investire in programmi di ricerca ad alto rischio. Nella competizione di cui sopra, il metodo Tetlock e la sua squadra riscosse un successo schiacciante

---

[76] Conio Giovanni, *Analisi di intelligence tra arte e scienza,* sicurezzanazionale.gov, 19 ottobre 2017.

[77] Faini Matteo, *L'intelligence, le scimmie e la sfera di cristallo,* sicurezzanazionale.gov, 21 Marzo 2016.

rispetto persino alle previsioni dell'intelligence americana, pur essendo queste ultime basate su informazioni classificate. In particolare si rilevò un'accuratezza del team di *superforecasters* superiore del 30% rispetto a quelle governative, per non parlare della differenza di budget per oltre 50 miliardi di dollari annui. Partendo da un livello di intelligenza di base superiore al 75% circa della popolazione, ciò che maggiormente distingue i *superforecasters* dai previsori delle agenzie di intelligence è invece la metodica nel formulare una previsione. Anzitutto il metodo Tetlock presuppone che si parta dalla cosiddetta *outside view,* nonché la probabilità di base che un certo evento si verifichi. Dalle informazioni ottenute da stime e verifiche attendibili viene preso quel dato come punto di partenza. A questo punto viene preso in considerazione l'*inside view,* cioè il caso specifico. In questo senso vengono sfruttati quegli elementi oggettivi, potremmo parlare di *evidence,* che permettono all'asticella di lievitare o abbassarsi progressivamente nel tempo. Quante più informazioni vengono acquisite, tanto maggiore il valore percentuale che si verifichi quel dato evento è preciso. In questa fase Tetlock sottolinea il principio già enunciato di rovesciare la domanda iniziale per evitare di incorrere nell'ormai noto *confirmation bias.* Ciò che collega il metodo ideato da Tetlock e la precedente riflessione sull'arte e la scienza è che nella classificazione dei fenomeni, come nella selezione degli eventi di riferimento da parte dei *superforecasters,* vi è un indiscutibile elemento di arbitrarietà. Tetlock ammette di fornire delle linee guida che, per quanto vaghe, consentono di trovare il giusto equilibrio tra *inside* e *outside view.* L'elemento riepilogativo che traggo dallo studio fatto nell'ambito della previsione è che occorre aggiornare costantemente le stime effettuate sulla base dell'evolversi degli eventi, come è necessario accertare sistematicamente l'accuratezza delle informazioni acquisite. Solo così si riuscirà ad offrire ai *decision maker* una visione aderente alla realtà prima di assumere la decisione ritenuta più corretta.

Capitolo 3

L'evoluzione delle metodologie di acquisizione intelligence.

3.1. Il ciclo intelligence.

Questo terzo ed ultimo capitolo ha il duplice intento di inquadrare lo studio svolto nei due precedenti all'interno di un discorso più ampio, e contestualmente di avviare il ragionamento verso una conclusione coerente con i punti toccati sin dall'inizio di questa trattazione.

L'immagine sotto riportata illustra un processo che negli anni è stato utilizzato, studiato ed approfondito in tutti i settori connessi all'attività informativa, a partire dal livello strategico, fino a quello

Figura 1. SISR, NSF. Fonte: sicurezzanazionale.gov.it.

tattico e sub-tattico. Parlo del cosiddetto "Ciclo Intelligence", nonché *l'insieme delle fasi in cui si articola l'attività di informazione per la sicurezza.*[78]

Quanto sopra descrive il ciclo di intelligence, articolandolo in cinque momenti principali:

- La definizione degli obiettivi;

- La ricerca informativa;

- L'analisi;

- La disseminazione;

- La valutazione dei *feedback*.

Dalla lettura dei passaggi sopra citati, si può fare una prima ed immediata considerazione. Lo studio finora svolto, ha già trattato o quanto meno approcciato i criteri e le modalità con cui avvengono ciascuno dei punti menzionati, con l'eccezione della ricerca informativa. Infatti, la definizione degli obiettivi è stata trattata nell'ambito dell'approfondimento della legge n.124 del 2007, con particolare riferimento al ruolo svolto dall'autorità politica, dunque dal *PdC*, cui appartiene la responsabilità generale della politica dell'informazione per la sicurezza. Egli, ricordo, di concerto con il *CISR,* definisce gli indirizzi generali e gli obiettivi fondamentali da raggiungere nell'ambito della sicurezza nazionale. Per ottemperare a tale esigenza, il *PdC,* si avvale della struttura del *DIS,* al fine di sfruttarne le competenze e capacità di demoltiplicatore di forze per il tramite dei servizi di informazione per la sicurezza *AISI* ed *AISE.* Per quanto concerne la ricerca informativa, è stato solo accennato il ruolo svolto dal *DIS,* il cui compito è proprio quello di "raccogliere e far convogliare presso di sé le informazioni di interesse per la sicurezza nazionale e la salvaguardia delle istituzioni, acquisite dalle agenzie di informazione per la sicurezza, dalle forze armate, dalle forze di polizia, dalle amministrazioni dello Stato e da enti di ricerca anche privati". [79]

---

[78] Antiseri D., Soi A, *Intelligence e metodo scientifico,* Rubbettino, 2013, p. 98.

L'analisi è stata invece ampiamente trattata al capitolo II, e non necessita di ulteriori considerazioni. Per quanto attiene alla disseminazione e valutazione dei *feedback,* benché queste fasi non siano state oggetto di approfondimenti in questo studio, è utile riportarne le definizioni. La disseminazione consiste nella fruibilità dei prodotti informativi di *intelligence,* rispettando scrupolosamente i principi del *need to know / need to share,* ovvero un criterio univoco secondo il quale le informazioni devono essere smistate in relazione all'audience che ha l'autorità, la necessità di acquisirle per una successiva valutazione o altre motivazioni non meglio specificate. D'altro canto, la valutazione dei *feedback* è volta a definire in che misura i prodotti dell'intelligence abbiano soddisfatto le esigenze conoscitive dell'autorità di governo o di altri interlocutori istituzionali. La fase finale di valutazione è altresì importante per acquisire le cosiddette *lesson learned* sull'attività informativa svolta che, sulla base degli esiti ottenuti, può essere utile a tutti i livelli per successive considerazioni e valutazioni (dall'autorità politica per la valutazione del *decision making,* all'agenzia di informazioni per la valutazione dell'analisi condotta).

3.1.1. *Metodologie di acquisizione intelligence: Imint, Masint, Sigint, Osint, Protint, Humint.*

A premessa di qualsivoglia elencazione delle metodologie, più comodamente riassumibili in "tipologie di fonti" a cui attingere, è assolutamente opportuno definire e distinguere i termini utilizzati in tale contesto. A tal proposito, sebbene a chi mastica questo genere di concetti risulti scontato e forse banale, a me risulterebbe incompleto trattare un argomento del genere senza chiarire il significato di informazione, spesso frainteso per il ricorrente utilizzo. L'informazione è infatti il prodotto di un processo, più o meno

---

[79] Capo I, articolo 4, comma 3, lettera c), della legge 3 agosto 2007, n.124

completo, di valutazione ed analisi di una notizia o di un dato. Questa prima definizione, generica ma esaustiva, consente univocamente di distinguere l'informazione dalla notizia. Quest'ultima è invece un dato di qualsiasi genere non elaborato, né valutato. Ciò implica che le notizie possono essere raccolte, acquisite, e solo dopo un processo analitico costituire dei prodotti, dei dati informativi di rilievo. Detto ciò è più agevole spiegare ed introdurre le discipline, meglio note come "INTs", *nonché quelle metodologie che guidano alla ricerca ed alla successiva elaborazione delle notizie a seconda delle risorse impiegate e delle fonti dalle quali tali notizie provengono*[80].

Ecco che le sopracitate discipline, altro non sono che delle metodologie di acquisizione di dati e che, dalla raccolta di essi, conducono alle fasi successive di elaborazione, analisi e valutazione. Presi in considerazione i termini elencati nel titolo del paragrafo, va fatta una sostanziale differenziazione tra i metodi che sfruttano in maniera consistente le risorse tecnologiche per il perseguimento dello scopo, da quelli che prediligono il ruolo svolto dall'individuo, dalla capacità dell'agente di colmare quelle lacune capacitive dello strumento tecnologico. In tal senso si può sottolineare come il coordinamento, la coesistenza di individuo e strumento siano la chiave di volta di questo processo. L'uno opera a completamento dell'altro per ottemperare al compito assegnato. Tra le discipline menzionate, è sufficiente dire che tutte eccetto la *humint*, ovvero la *human intelligence,* sono fonti che traggono i dati di interesse da strumenti tecnologici o comunque da apparecchiature elettroniche di diverso genere. Parlando di *humint,* invece, le notizie, i dati, e di seguito "*le informazioni sono ottenute dall'intelligenza umana, intendendo con questo il primato dell'attività intellettiva dell'operatore*"[81]. Questo aspetto va sottolineato soprattutto a tutela del fatto che, nonostante il

---

[80] https://www.sicurezzanazionale.gov.it/sisr.nsf/wp-content/uploads/2014/05/lezione-intelligence.pdf

[81] Sperini A., *Implementazione del ciclo d' intelligence tramite l'utilizzo della SOCMINT,* Centro Alti Studi per la Difesa, p.13.

continuo progredire dei prodotti tecnologici e delle apparecchiature sofisticate disponibili, la centralità del "fattore umano" segna, come per altri settori dell'agire umano, anche altre fasi del ciclo intelligence, ed in particolare l'analisi. Da qui si possono dunque meglio elencare le distinte metodologie per cui l'agente sfrutta strumenti specifici atti all'acquisizione dei dati:

-   *Sigint;*

-   *Protint;*

-   *Masint;*

-   *Imint;*

-   *Osint.*

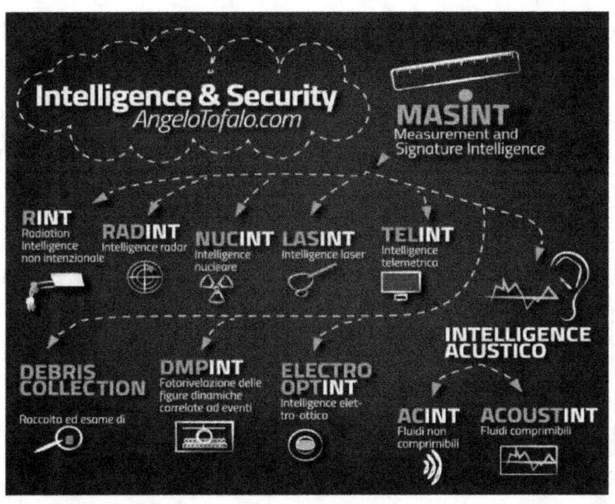

Seguendo l'ordine troviamo la *sigint,* acronimo di *signal intelligence,* temine generico utilizzato per indicare l'acquisizione di dati attraverso la captazione di segnali di diversa natura. In tal senso si distingue in *comint (communications intelligence)* e *elint (electronic intelligence),* per differenziare l'analisi di comunicazioni dall'emissione di segnali elettromagnetici. Il settore, come del resto le tipologie seguenti, racchiude aspetti certamente da attenzionare alla luce dell'importanza del mondo cibernetico e del ruolo che oggi riveste nella tutela e salvaguardia della sicurezza nazionale. A seguire compare la *protint (protected data/information intelligence),* nonché l'acquisizione di informazioni attraverso dati personali e/o protetti riconducibili ad un individuo anche se per il tramite di società o imprese. Il termine *protint,* è stato peraltro introdotto per venire incontro alla urgente necessità di individuare "un campo informativo capace di catalogare, secondo un principio di specificità, tutti quei dati individuali tendenzialmente considerati meritevoli di tutela"[82]. Per questo non è possibile approfondire ulteriormente questo argomento. La *masint (measurement and signature intelligence),* indica invece l'acquisizione di informazioni attraverso misurazioni di ambienti fisici. Fanno parte di questa classificazione di intelligence tutti i sensori capaci di raccogliere misure metriche, angolazioni, lunghezze d'onda, modulazioni ed idromagnetismo.

Questo esempio in particolare mostra come la *masint* costituisca un ausilio di assoluto pregio per chi svolge attività di acquisizione dati, tuttavia il grande valore tecnologico dei risultati ottenibili tramite questi sistemi richiede una costante azione di supporto e verifica. Ciò viene sottolineato in quanto tali apparecchiature, per quanto sofisticate, possono rilevare dati imprecisi o comunque soggetti a variabili non previste, tali da indurre a errori più o meno gravi. Direttamente complementare alla *masint,* possiamo individuare l'*imint (imagery intelligence),* con cui si suole indicare i dati raccolti attraverso immagini derivate da fotografie aeree e/o satellitari. A tal proposito una precisazione va fatta circa l'impennata di questa tipologia di acquisizione, in particolare in ambito militare, durante il secolo scorso. Già dalla prima guerra mondiale infatti, sono stati impiegati i primi velivoli con capacità idonea di scattare immagini contenenti informazioni d'interesse su specifiche aree. Tuttavia, fu con la seconda

---

[82] Omand D., *Securing the State*, Oxford University Press, New York, 2010, pp.120-122.

guerra mondiale e la successiva guerra fredda che l'attività di acquisizione tramite vettori aerei ha preso vigore, cioè quando lo scenario geopolitico mondiale vide fiorire l'attività di spionaggio e contro spionaggio. Come ultimo, ma certamente non per importanza, quanto piuttosto per scelta, rimane il metodo detto *osint (open source intelligence)*. Tale categoria di acquisizione, certamente quella meno orientata ad una singola ed unica fonte, mi permette di anticipare ciò che verrà trattato nel successivo paragrafo. L'*osint,* proprio come suggerisce l'acronimo, è la più vasta categoria metodologica in quanto assorbe tutte le fonti aperte disponibili in società, ma soprattutto, fonti non classificate e dunque accessibili a tutti. Alla domanda se dette informazioni possano fruire all'attività di ricerca informativa, va sottolineato che oggi, la costante e frenetica informatizzazione, unitamente al progresso dei mezzi di comunicazione, hanno reso lo spazio cibernetico il dominio più insidioso, per le conseguenze generabili dal possesso del potenziale informativo contenuto in esso, tema del resto già trattato al para 1.5.

In particolare, per fonti aperte si intendono "tutti quei canali che veicolano informazioni assolutamente accessibili e, tendenzialmente, non classificate. Ne fanno parte, tra le altre, giornali, riviste, programmi tv, blog e spazi internet"[83]. Ricordiamo che trattare il settore del *web,* significa includere tutta una serie di aspetti legati alla continua evoluzione delle società e di conseguenza dei modi di comunicare e dunque di mettere in circolazione dati. Mi riferisco in particolar modo al ruolo predominante svolto oggi dai *social media* ed in particolare dai *social network,* strumenti spesso divenuti più efficienti dei tradizionali metodi di informazione utilizzati. Un'importante osservazione da fare a premessa della tanto attuale *Social Media intelligence (SocMInt)* è che questi metodi di ricerca, a differenza di altri prima citati, non costituiscono appannaggio

---

[83] Teti A., *Open Source Intelligence & Cyberspace-La nuova frontiera della conoscenza-*, Rubbettino Editore, 2015, p.9

esclusivo di attori istituzionali, incaricati quindi di impiegare tali strumenti per scopi pubblici, bensì sono fruibili da chiunque ne abbia interesse. In ambito privato e soprattutto commerciale infatti, sono sorte delle società, agenzie, con l'intento di implementare le proprie capacità informative e conoscitive; ciò senza considerare il comune e domestico utilizzo di un individuo che può comodamente condurre attività di ricerca informativa col proprio *laptop,* o persino col proprio cellulare. Per chiudere questo paragrafo, cerco di sintetizzare la questione dibattuta sul rapporto tra l'*Osint* e la *SocMInt,* di cui si parlerà in maniera più approfondita nel successivo paragrafo. La linea di demarcazione tra le due, che rende la *SocMInt* una tecnica specifica a sè stante è rappresentata dal fatto che quest'ultima prende in considerazione esclusivamente le informazioni scambiate tramite i *social media.* Per contro l'*Osint* analizza una quantità di fonti molto più ampia e non solo materiale accessibile online, come detto poc'anzi. Si può valutare dunque che la *SocMInt* costituisca un braccio forte dell'*Osint,* senza la quale esso non sarebbe completo.

3.2. L'importanza della SocMInt: la prospettiva di analisi apportata da David Omand all'intelligence britannica.

Ho reputato opportuno integrare allo studio un paragrafo sulla SocMInt con l'intento di fornire degli elementi utili a dirimere la questione se oggi essa costituisca o meno un punto di riferimento tangibile all'attività di analisi di intelligence. In particolare, *l'end state* che ambisco a raggiungere, è valutare se i costi e gli sforzi necessari siano maggiori dei benefici e contributi destinati al *decision making* delle autorità politiche, o comunque dei soggetti responsabili di scelte connesse alla sicurezza. Che oggi viviamo nell'era dei *social media* è ormai una questione consolidata e risaputa, tuttavia non sempre si è consapevoli fino a che punto le statistiche possano consentirci di comprendere il livello di penetrazione di questi nelle nostre vite.

Sir David Omand, uno dei maggiori esperti delle relazioni tra intelligence e comunicazione, nonché ex direttore del *Government Communications Headquarters* (GCHQ) e segretario permanente del ministero degli affari interni britannico, ha approfondito e gettato le basi alla nascita e successiva implementazione della cosiddetta *Social Media Intelligence*. Essa viene definita come *"una delle tecniche di reperimento di informazioni utili al ciclo di intelligence tramite il monitoraggio e l'analisi dei contenuti scambiati attraverso i social media"*.[84] I *social network* in particolare, sono dei vettori rapidissimi di relazioni, identità, ma più in generale di dati sulle vite delle persone, che ne condividono ad un pubblico più o meno ampio i contenuti. In realtà, un semplice *like* presente sul *web* costituisce un elemento di informazione globale, che oggi può persino costituire reato o comunque dato di interesse per eventuali accertamenti di organizzazioni criminali o affiliazione ad essi. Tra tutti gli studi sui dati rilevati circa l'utilizzo dei *social network* presenti sul *web,* pur

---

[84] Omand D., Bartlett J & C. Miller (2012), #Intelligence, Demos

sottolineando che le statistiche variano rapidamente, ne riporto uno relativo all'utilizzo di *facebook* che, sebbene risalente al 2012, contiene degli spunti molto interessanti. Tale ricerca, condotta da L. Chase e K. Knebl[85] riporta i seguenti dati:

- Un utente medio trascorre circa 55 minuti al giorno;

- Ogni 20 minuti di attività su facebook ci sono: 1 milione di link condivisi, 1.320.000 foto taggate, 1.480.000 inviti a eventi, 1.851.000 aggiornamenti di stato, 1.927.000 richieste di amicizia accettate, 1.587.000 post in bacheca, 2.716.000 foto scattate;

- Il 48% degli adulti tra i 18 e i 34 anni accede a Facebook un minuto dopo essersi alzato dal letto.

Le tabelle di seguito confermano l'incremento progressivo dei dati relativi all'utilizzo dello spazio digitale tra il 2019 e il 2021 (i dati sono forniti dal *global digital report* nei rispettivi anni di interesse).

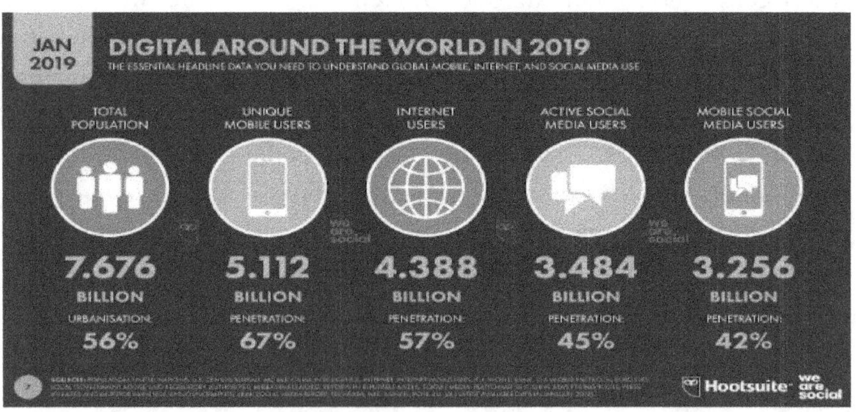

[85] Chase L., Knebl K., *La rivoluzione dei social media nelle vendite*, Milano, 2012, p. 72

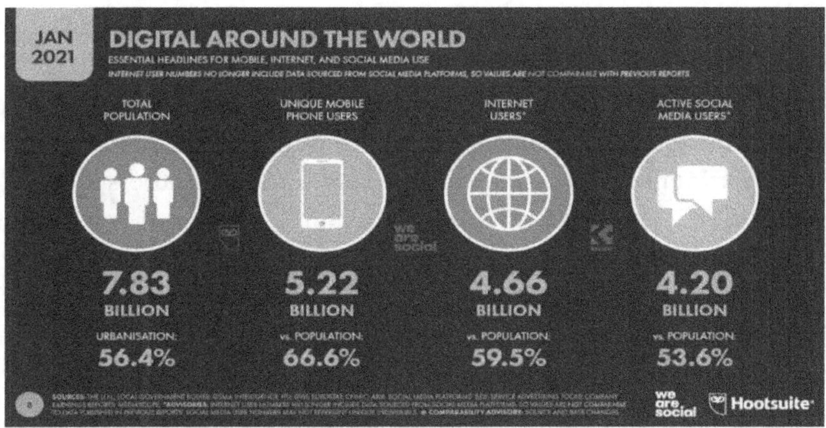

Lo studio condotto da David Omand nella sua introduzione alla *social media intelligence* ruota intorno a due parametri fondamentali che, in quanto sfide da superare positivamente, pregiudicano l'impiego di tale tecnica nell'ambito del ciclo intelligence.

Si parla di necessità e legittimità.

Per introdurre il concetto di necessità riporto *verbatim* le parole del professore: "*If it* (riferita alla SocMInt) *did not have a reasonable prospect of contributing towards public safety there would be no moral, or indeed financial, argument for it to be collected or used*".[86] In questo caso il successo di questa tecnica di intelligence non è costituito dalle informazioni più o meno sensibili che vengono acquisite, bensì dal valore aggiunto al processo di *decision making*. In tal senso possono tornare utili i cinque principi che Omand ha enunciato nel testo "Securing the State"[87]:

1. *There must be sufficient, sustainable cause;*
2. *There must be integrity of motive;*
3. *The methods used must be proportionate and necessary;*
4. *There must be right authority, validated by external oversight;*

---

[86] Omand D., *Introducing Social Media Intelligence*, Intelligence and national security, December 2012, p. 807

[87] Omand D., Securing the State (London: Hurst & Co 2010)

5. Recourse to secret intelligence must be a last resort if more open sources can be used.

Tali principi ruotano tutti intorno ad un concetto semplice. Il ricorso ad una maggiore o minore invasività deve essere proporzionato alla causa per la quale essa si deve applicare. Prima va però spiegato perchè parliamo di distinti livelli di intrusione, ovvero in che termini la *SocMInt* ci consente di ottenere informazioni. Vengono teorizzati tre livelli di investigazione[88]:

1. vengono presi in esame tutti i contenuti cosiddetti *open* (quelli per i quali non è prevista nessuna restrizione imposta dall'utente in termini di *privacy;*

2. vengono utilizzate le stesse tipologie di dati, ma focalizzati su un singolo individuo al fine di ottenere un numero maggiore di informazioni che lo riguardano;

3. intercettazione di informazioni personali e private (es: telefonate, messaggi ecc.).

Queste considerazioni ci permettono di comprendere come sia importante la tutela dell'integrità della *privacy,* e soprattutto come si renda necessario un forte bilanciamento tra le cause prodromiche al ricorso a tecniche di *SocMInt* ed il possibile danno conseguente ad esso. Oggi, spesso, le persone condividono informazioni che verrebbero considerate private con frequenza senza precedenti, al punto da renderle vulnerabili agli occhi di organizzazioni criminali. Proprio per questo motivo i *social media* possono fornire un ausilio di inestimabile valore nella loro individuazione. A prescindere da questi aspetti, però, è fondamentale tenere a mente questi tre elementi: chi può condurre determinate verifiche; chi (in termini di autorità) deve autorizzare determinate azioni di controllo; la ragione per la quale la sorveglianza possa essere condotta in maniera legittima. I punti appena citati rientrano già all'interno del secondo parametro da prendere in considerazione, vale a dire quello della legittimità e se vogliamo,

---

[88] Burato A., *Sicurezza, terrorismo e società,* 02/2015, Milano, p. 112

dell'etica. *In generale ogni indagine di intelligence deve mantenere un buon equilibrio tra il benessere economico e sociale, la sicurezza nazionale, che si declina in ordine pubblico e sicurezza pubblica, e i diritti di libertà e di privacy*[89]. Quanto sopra scritto trova pieno riscontro nell'art. 8 della Convenzione europea sui diritti dell'uomo che così dispone al comma 1: *"Ogni persona ha diritto al rispetto della propria vita privata e familiare, del proprio domicilio e della propria corrispondenza"*.[90] Inoltre, al comma 2 (che non riporto), il legislatore sottolinea l'importanza della tutela dell'individuo da ingerenze pubbliche non previste da legge o da deroghe specifiche ad essa. In sintesi lo Stato, nell'adempiere ai propri obblighi di tutela della sicurezza dei propri confini, deve trovare un giusto equilibrio tra i concorrenti interessi generali e dei singoli, nell'ambito del margine di apprezzamento che gli è conferito. "Inoltre, la procedura decisionale prevista deve essere equa e tale da consentire il dovuto rispetto degli interessi tutelati dall'articolo 8".[91] Tuttavia, nonostante diversi sondaggi e ricerche suggeriscano il riconoscimento da parte dell'opinione pubblica dell'importanza della tutela delle informazioni personali, la maggior parte rivela dei dubbi sul significato di questo concetto. Si ricorda a tal proposito il noto sondaggio della Commissione europea del 2008[92], in cui l'80% del campione intervistato ha ammesso una scarsa consapevolezza e conoscenza delle norme circa la protezione dei dati personali nel Regno Unito.

Chiarita la relazione tra necessità e legittimità, rimane fondamentale approfondire e soprattutto contestualizzare l'applicazione delle tecniche di utilizzo dei *social media* alle attività di intelligence o, più

---

[89] Cloke, P., Cook, I., Crang, P., Goodwin, M., Painter, J. and Philo, C. (2004) *Practising Human Geography*. London: Sage
[90] https://www.echr.coe.int/Documents/Convention_ITA.pdf
[91] Sentenza del 3 giugno 2014, sez. 3, Lopez Guió contro Slovacchia
[92] European Commission, Data Protection in the European Union: Citizens' Perceptions (2008), 5http://ec.europa.eu/public_opinion/flash/fl_225_en.pdf4 (accessed 17 April 2012)

nello specifico, al ciclo intelligence. I passaggi a tal proposito individuati sono i seguenti:

- *data access;*
- *processing and analysis;*
- *validation and use;*
- *dissemination.*

In merito al primo punto, la raccolta del materiale condiviso attraverso i *social media* può essere definita come un *boomerang,* dal momento che sul *web* è contenuta una mole di dati estremamente vasta. A tal proposito è bene ricordare che l'approccio utilizzato deve rispondere ad un metodo scrupolosamente metodologico. Anzitutto, il modo più efficace è quello della triangolazione delle fonti e non, dunque, affidandosi solo ad uno di essi. Per spiegare questo aspetto, ricorro al semplice ma esaustivo esempio *"del simpatizzante per un gruppo terroristico, attivo sui social media e che progetti di compiere un attentato. Attraverso le sole tecniche di SOCMINT non sapremmo distinguere questo soggetto da tanti altri. Tuttavia, se grazie all'apporto di ulteriori fonti informative, come fonti umane o elettroniche, si riuscisse a qualificare questo potenziale terrorista come un soggetto di interesse, a quel punto si potrebbero sfruttare appieno tutte le potenzialità della SOCMINT."*[93] Il termine stesso di questa fase: accesso, è volutamente sostituito a quello di raccolta, dal momento che si vuol sottolineare la differenza di questo processo dalla tradizionale raccolta informativa. L'aspetto più importante che ho colto dall'analisi di questo passaggio è che la ricerca dei dati online, proprio per la sua peculiarità, è soggetta alla persistente influenza del principio di Pareto del cosiddetto *Vital few,* ad indicare che l'80% dei contenuti sul web sono opera e risultato dell'operato del solo 20% degli utenti del web stesso. Uno studio sulle attività di Twitter del 2010 ha

---

[93] Mele S., Faini M., America C., *Social media intelligence e sicurezza nazionale; la raccolta informativa sui social media,* sicurezzanazionale.gov, pp. 4-5

confermato quanto detto sopra: il 22.5% degli utenti si sono dimostrati responsabili di circa il 90% di tutte le attività sull'applicativo.[94]

La seconda fase di processazione ed analisi è il collante fondamentale tra i dati acquisiti e le successive valutazioni da confermare a premessa della decisione finale dell'autorità preposta. In tal senso l'ostacolo fondamentale è quello che gli studiosi chiamano il basso *signal to noise ratio:* per ogni informazione utile rintracciabile sui social media vi sono migliaia e migliaia di informazioni inutili. Ogni segnale viene sommerso in una quantità spesso assordante di rumore[95]. Infatti, notizie errate o comunque volutamente fuorvianti vengono diffuse ad una rapidità prima non pensabile. Naturalmente, è opportuno fare una considerazione: se gli eventi che includono un numero ridotto di individui sono difficilmente individuabili, invece valutando eventi di massa, come situazioni di ordine pubblico, anche importanti, la *SocMInt* risulta essere uno strumento di gran lunga più affidabile, anche senza l'ausilio di ulteriori supporti. Sempre nel medesimo piano, vengono riportati due metodi analitici utilizzati anche nel settore privato al fine di individuare i soggetti ed isolare le informazioni rilevanti: parliamo della cosiddetta *computational social network analysis* e del *buzz monitoring*.

La prima viene utilizzata prevalentemente per stabilire i gradi di connessione tra gli utenti all'interno della rete, mentre la seconda si focalizza sugli elementi qualitativi e quantitativi delle conversazioni online su specifici tema precedentemente individuati, al fine di rilevare più agevolmente i soggetti leader o comunque coloro che potrebbero ricondurre a terzi di interesse per l'analisi e la ricerca in corso.

La terza nonché penultima fase del ciclo intelligence in ambito *social media,* è la cosiddetta validazione e conferma di quanto

---

[94] Twitter Statistics for 2010', Sysomos, December 2010,
www.sysomos.com/insidetwitter/twitter-stats-2010/
[95] Mele S., Faini M., America C., op. cit., pp. 3-4

analizzato. A tal riguardo ho trovato meritevoli di uno spunto di riflessione due aspetti principali:

- il cosiddetto *observation effect;*

- la rinomata tecnica del *gaming.*

A questi due elementi, deve essere ragionevolmente attribuita una debita considerazione, nel senso che sarà possibile azzerarne gli effetti, ma quanto meno valutarne la relativa collateralità. Il primo punto sta ad indicare una tendenza degli utenti a modificare, riadattare il loro comportamento online se questi sono a conoscenza di essere osservati/controllati. Questo fattore può essere più o meno amplificato sulla base delle notizie fornite dai *social media* circa il maggiore o minore controllo delle autorità su eventi specifici. La consapevolezza di un maggiore monitoraggio provocherà una differente reazione da parte dell'utente, che certamente (se coinvolto) limiterà le proprie interazioni, o comunque presterà maggiore attenzione di prima.

Strettamente connesso all'effetto dovuto all'osservazione, troviamo il risaputo metodo del *gaming,* a rappresentare una tecnica di *deception,* dunque di inganno, depistaggio. Esso, ove non prontamente rilevato, può provocare enormi danni al processo di analisi, in quanto ne potrebbe semplicemente rallentare l'attività, o peggio condurre a decisioni errate e dunque dannose per l'intera missione affidata. Grazie a questi elementi è possibile avere un'idea delle difficoltà esistenti all'interno del vastissimo spazio cibernetico; esso va infatti utilizzato con parsimonia, meticolosità ed attenzione, al fine di rendere la *SocMInt* un ausilio valido all'attività di intelligence e non, imprevedibilmente, causa di depistaggio e di fallimento.

3.2.1. *Un approccio metodologico nuovo: un connubio tra competenze human e social; la Digital Humint.*

Infine, a chiusura del percorso che mi ha portato a riflettere intorno alle diverse tecniche di acquisizione intelligence, ho valutato l'opportunità di mettere in luce come la costante evoluzione tecnologica riesca a conciliarsi con le tradizionali tecniche di raccolta delle informazioni. La domanda che mi sono posto ed a cui oggi esiste una risposta completa che trova applicazione in ambito intelligence, è la seguente: "in che modo l'approccio *social* si riesce a conciliare con quello *human?*". Leggendo la domanda in maniera più omnicomprensiva ed a larghe vedute essa può essere riformulata nella seguente: "In che modo è possibile trarre il massimo risultato dalle tecniche attuabili sfruttando gli strumenti resi disponibili dall'attuale innovazione tecnologica?".

La risposta a questo quesito è rinvenibile nella nascita di un concetto nuovo, noto come *Digital Humint,* che sintetizza la "tensione" tra la *SocMInt* e la *Humint.* La *Digital Humint "costituisce una metodologia che, sulla base di specifiche competenze settoriali fondate sul connubio tra quelle human e social, ossia declinate in ambito reale o virtuale, processa le informazioni provenienti dalla Humint e dalla SocMInt in una prospettiva unitaria e concorrente".*[96] Il presupposto generale è il seguente: in un mondo dettato da costanti cambiamenti si generano nuove minacce. Nuove minacce richiedono nuovi strumenti. La minaccia di oggi, non è più identificabile come una volta: parliamo infatti di una minaccia ibrida, invasiva, delocalizzata. Riporto *verbatim* un passaggio fondamentale di un articolo tratto dalla rivista *Gnosis* (in nota): *"Si tratta di una nuova forma di guerra, generata dalla medesima logica della globalizzazione che abbiamo competentemente incorporato, nella densa rete di relazioni con la quale interpretiamo il*

---

[96] Lombardi M., Burato A., Maiolino M., *Nuove prospettive di analisi, Digital Humint,* rivista Gnosis 02/2016, p. 31

sistema della comunicazione, dell'economia e della politica, ma che non abbiamo ancora accettato per i medesimi effetti che ha nella rimodellizzazione dei conflitti".[97] Infatti, come già anticipato nel precedente paragrafo, non è possibile oggi parlare esclusivamente di sistemi tecnologici, bensì di sistemi socio-tecnici: la connivenza tra la tecnologia, del *Social Media/Network,* per intenderci, e la quotidianità nel suo insieme (relazioni, impatto sull'individuo ecc...) è ormai inscindibile. La *SocMInt,* da sola, rimane uno strumento utile a *scannerizzare* le diverse piattaforme, al fine di acquisire dati utili per il prosieguo dell'analisi. Questi dati, per essere tradotti successivamente in risultati concreti, vanno messi a sistema con ulteriori elementi di informazione che la *SocMInt,* da sola, non è in grado di ottenere. Per dare chiarezza a quanto su scritto, la *SocMInt* non è in grado di fornire un metodo adeguato alla contestualizzazione delle informazioni ottenute in termini di significatività sia nello spazio virtuale che in quello reale. Oggi, attraverso l'esperienza accumulata, si è arrivati a ritenere che la dimensione identitaria tenga conto in maniera paritetica sia della rete virtuale che di quella reale, e questa visione d'insieme sfugge alla *SocMInt.* Pertanto, è stato individuato un quadro interpretativo univoco, denominato *Digital Humint.* Il nome prescelto, sebbene apparentemente confusionario, se non contraddittorio, apre all'unica porta d'uscita verso un'interpretazione esaustiva dei contenuti discendenti dalla generazione digitale. Come chiarito in maniera ineccepibile nel testo dell'articolo, *"la Digital Humint costituisce un approccio metodologico che, sulla base di specifiche competenze settoriali fondate sul connubio fra quelle Human e Social, ossia declinate in ambito reale o virtuale, processa le informazioni provenienti dalla Humint e dalla Socmint per contribuire alla stesura del report comprensivo destinato al consumo dell'utilizzatore finale dell'intelligence prodotta. Il valore aggiunto alle analisi delle informazioni che possono essere estratte dai social media e analizzate*

---

[97] Ivi, p. 32

attraverso la Digital Humint si traduce in un'attenzione ai processi di rappresentazione di sé, alla dimensione comunitaria che si sviluppa su questi strumenti e all'interazione tra i diversi utenti che li popolano, che si identificano indistintamente nell'ambito online e offline".[98] Ad avvalorare tale tesi è stato appurato che l'identità digitale generata sul *web*, se analizzata esclusivamente con i mezzi della *SocMInt,* non consente di interpretare interamente quegli elementi necessari ad un'analisi approfondita. Il caso di Abderrahim Moutaharrik costituisce un esempio significativo. Il soggetto, pugile del lecchese, è stato arrestato il 28 ottobre 2016 perché affiliato a *Daesh,* ed in procinto di partire per le aree di conflitto tra Iraq e Siria. In questo caso, da quanto ottenuto attraverso la *SocMInt,* non è stato possibile individuare elementi tangibili od informazioni inconfutabili circa la sua affiliazione al gruppo terroristico. Solo grazie ad una attenta ed approfondita analisi congiunta dei dati ottenuti dallo strumento *human* e quello *social* è stato possibile giungere a tale risultato.

Un ultimo aspetto che ho individuato e che accomuna tutti gli studi attuali sulla *Digital Humint* è la comprensione del concetto di "comunità" per favorire le attività di analisi. Infatti, il quesito maggiormente attenzionato in tal senso è se una comunità possa essere definita tale solo se i membri siano accumunati appunto da un insieme di valori che rendono esclusivo il gruppo stesso. *"L'importanza, per gli analisti della Digital Humint, di capire a fondo il fenomeno della creazione delle comunità online è di massimo rilievo: non solo, infatti, la comunità stessa è ciò che permette di capire meglio gli individui che la compongono ma, essendo più della somma delle parti, la sua comprensione profonda permette la raccolta di informazioni che non possono essere trovate altrove"*.[99]

---

[98] Ivi, p. 35
[99] Ivi, p. 36

Conclusioni.

In un mondo complesso, in continua evoluzione ed in cui oggigiorno si fa sempre maggiore fatica a raggiungere gli obiettivi che ci poniamo come traguardo, risulta fondamentale ricercare e sfruttare gli strumenti migliori che abbiamo a disposizione. In un'ottica più ampia e collettiva lo Stato, tramite il governo, ha il dovere di difendere i propri interessi sovrani dalle numerose insidie, talvolta facilmente visibili, ma spesso e volentieri celati e di difficile individuazione. La minaccia, sia interna che esterna, dettata da una maggiore invasività e capacità di penetrazione, risulta essere oggi poliedrica, ingannevolmente innocua, ampiamente al passo con i tempi al punto da renderla camaleontica. In quest'ottica il sistema di informazioni per la sicurezza della Repubblica, avvalendosi di tutte le forze a propria disposizione, passando dal settore pubblico al privato, è lo strumento migliore di cui i rappresentanti delle nostre istituzioni, in primis il Presidente del Consiglio si devono servire per tutelare la sicurezza nazionale.

Questa analisi vuole essere una sintesi degli aspetti che ho avuto modo di studiare nel corso di questi anni di formazione, nel tentativo di fornire un quadro di massima dell'attuale struttura di intelligence del nostro paese, nonché degli *step* compiuti per stare prontamente al passo con il progresso politico, economico e sociale. Uno degli elementi chiave che ho tratto da questi approfondimenti è senz'altro che al giorno d'oggi risulta fondamentale dover guardare al passato, ad alcuni metodi tradizionali, per riuscire a leggere sapientemente il futuro. Inoltre la previsione, l'anticipazione delle mosse altrui sono strettamente dipendenti dalla comprensione delle dinamiche sociali circostanti. È oltretutto indispensabile comprendere i limiti che la mente umana ci impone, ricordarsi che per risolvere alcuni quesiti di difficile lettura occorre fuoriuscire dagli schemi mentali imposti dall'abitudine, dal comune approccio alle cose. In tal senso l'analisi d'intelligence ha il compito di ricercare, analizzare, assemblare, valutare, ridefinire e diffondere tutta una serie di informazioni che, una volta tradotte e sintetizzate, verranno portate all'attenzione dell'autorità politica, la quale assumerà le decisioni necessarie. Il mondo dell'intelligence non conosce fazioni politiche, non conosce destra, sinistra o centro, ma solo il perseguimento della sicurezza nazionale e delle istituzioni dello Stato. Per questo motivo intendo concludere questo studio con una frase pronunciata da un funzionario dello Stato ad espressione dell'essenza dell'attività informativa nazionale, in occasione della relazione sulla politica dell'informazione per la sicurezza 2019. Mi riferisco al direttore generale del *DIS*, Gennaro Vecchione: *"E' l'analisi intelligence che permette all'autorità politica di fruire al meglio delle informazioni raccolte sul campo, essendo finalizzata a munire il decisore del quadro conoscitivo più ampio ed accurato possibile, con l'obiettivo di prevenire le minacce, cogliere le opportunità e ridurre l'incertezza sul comportamento degli attori ostili."*

Bibliografia.

Antiseri D., Soi A, *Intelligence e metodo scientifico,* Rubbettino, 2013;

Burato A., *Sicurezza, terrorimo e società,* Milano, 02/2015;

Chase L., Knebl K., *La rivoluzione dei social media nelle vendite*, Milano, 2012;

Clausewitz C, (1837), *Della guerra,* Einaudi, Torino;

Francis S. Bellezza, "*Mnemonic Devices: Classification, Characteristics and Criteria*"

(Ahtens, Ohio: Ohio University, pre publication manuscript, January 1980;

Heuer Richards J., *Psycology of intelligence analysis,* Centre for the study of intelligence, 1999;

Lombardi M., Burato A., Maiolino M., *Nuove prospettive di analisi, Digital Humint,* rivista Gnosis 02/2016;

Miller G., "*The Magical Number Seven--Plus or Minus Two: Some Limits on our capacity for processing information.*" The psycological review, Vol.63,No.2 (March 1956);

Omand D., *Introducing Social Media Intelligence*, Intelligence and national security, December 2012;

Piano nazionale per la protezione cibernetica e la sicurezza informatica, marzo 2017;

Rossi Monica, *Sun Tzu, l'arte della guerra,* Mondadori, Milano, 2003

Sperini A., *Implementazione del ciclo d' intelligence tramite l'utilizzo della SOCMINT,* Centro Alti Studi per la Difesa;

Teti A., *Open Source Intelligence & Cyberspace-La nuova frontiera della conoscenza-*, Rubbettino Editore, 2015;

Tversky A. and Kahneman D., "Judgment under Uncertainty: Heuristics and Biases," Science Vol.185, Sept 27, 1974;

Volta Massimo, *Il capo militare quale gestore della complessità e dell'incertezza,* Informazioni della Difesa, 6/2006.

Sitografia.

Agenda digitale, cyber sicurezza,
https://www.agendadigitale.eu/sicurezza/cyber-sicurezza-nazionale-
stato-dellarte-e-futura-evoluzione-della-governance/;

Conio Giovanni, *Analisi di intelligence tra arte e scienza,*
sicurezzanazionale.gov, 19 ottobre 2017;

Convenzione europea sui diritti dell'uomo,
https://www.echr.coe.int/Documents/Convention_ITA.pdf;

European Commission, Data Protection in the European Union: Citizens'
Perceptions

(2008), 5http://ec.europa.eu/public_opinion/flash/fl_225_en.pdf4   (accessed
17 April 2012);

Giupponi Tommaso, *Servizi di informazione e segreto di Stato nella legge
n.124/2007, pp. 2,3 -*
https://www.forumcostituzionale.it/wordpress/images/stories/pdf/docu
menti_forum/paper/0161_giupponi.pdf;

Faini Matteo, *L'intelligence, le scimmie e la sfera di cristallo,*
sicurezzanazionale.gov, 21 Marzo 2016;

Legge 3 agosto 2007, n. 124, *Sistema di informazioni per la sicurezza della
Repubblica e nuova disciplina del segreto,* www.camera.it;

Mele S., Faini M., America C., *Social media intelligence e sicurezza
nazionale; la raccolta informativa sui social media,*
sicurezzanazionale.gov

Montagnese Alfonso e Neri Claudio, *l'evoluzione della sicurezza nazionale
italiana,* sicurezzanazionale.gov.it;

Relazione sulla politica di informazione,
http://www.governo.it/it/articolo/relazione-sulla-politica-dell-
informazione-la-sicurezza-2019/14197;

Sentenza della Corte Costituzionale del 1977, n. 86, consultabile al sito:
https://www.gazzettaufficiale.it/atto/corte_costituzionale/caricaArticol
oDefault/originario?atto.dataPubblicazioneGazzetta=1977-06-

01&atto.codiceRedazionale=077C0086&atto.tipoProvvedimento=SE
NTENZA;

Tofalo A.o, intervista visitabile al sito:
https://www.youtube.com/watch?v=j1BjFNbrF_M;

Twitter Statistics for 2010', Sysomos, December 2010,
www.sysomos.com/insidetwitter/twitter-stats-2010/.